# 日本大学第一中学校

## 〈収録内容〉

2024年度 …………………… 第1回（算・理・社・国）

2023年度 …………………… 第1回（算・理・社・国）

DL 2022年度 …………………… 第1回（算・理・社・国）

DL 2021年度 …………………… 第1回（算・理・社・国）

DL 2020年度 …………………… 第1回（算・理・社・国）

DL 2019年度 …………………… 第1回（算・理・社・国）

便利な DL コンテンツは右の QR コードから

解答用紙

過去年度

国語の問題は
紙面に掲載



※データのダウンロードは 2025 年 3 月末日まで。
※データへのアクセスには、右記のパスワードの入力が必要となります。 ⇒ 935510

## 〈合格最低点〉

| | |
|---|---|
| 2024年度 | 160点／156点 |
| 2023年度 | 150点／144点 |
| 2022年度 | 153点／154点 |
| 2021年度 | 158点／154点 |
| 2020年度 | 137点／138点 |
| 2019年度 | 128点／121点 |

※点数は、男子／女子

# 本書の特長

## 実戦力がつく入試過去問題集

- 問題 …………… 実際の入試問題を見やすく再編集。
- 解答用紙 …… 実戦対応仕様で収録。
- 解答解説 …… 詳しくわかりやすい解説には、難易度の目安がわかる「基本・重要・やや難」の分類マークつき（下記参照）。各科末尾には合格へと導く「ワンポイントアドバイス」を配置。採点に便利な配点つき。

### 入試に役立つ分類マーク

**基本** 確実な得点源！
受験生の 90％以上が正解できるような基礎的、かつ平易な問題。
何度もくり返して学習し、ケアレスミスも防げるようにしておこう。

**重要** 受験生なら何としても正解したい！
入試では典型的な問題で、長年にわたり、多くの学校でよく出題される問題。
各単元の内容理解を深めるのにも役立てよう。

**やや難** これが解ければ合格に近づく！
受験生にとっては、かなり手ごたえのある問題。
合格者の正解率が低い場合もあるので、あきらめずにじっくりと取り組んでみよう。

## 合格への対策、実力錬成のための内容が充実

- 各科目の出題傾向の分析、合否を分けた問題の確認で、入試対策を強化！
- その他、学校紹介、過去問の効果的な使い方など、学習意欲を高める要素が満載！

**解答用紙ダウンロード** 解答用紙はプリントアウトしてご利用いただけます。弊社ＨＰの商品詳細ページよりダウンロードしてください。トビラのＱＲコードからアクセス可。

**UD FONT** 見やすく読みまちがえにくいユニバーサルデザインフォントを採用しています。

# 日本大学第一中学校


生徒数　607名
〒130-0015
東京都墨田区横網 1-5-2
☎ 03-3625-0026
都営大江戸線両国駅　徒歩 1 分
総武線両国駅　徒歩 5 分


## 日本大学最初の付属校
## 中高併設のゆとりある教育を実践
## 生徒の個性と能力を伸ばす

| URL | https://www.nichidai-1.ed.jp/ |
|---|---|

### プロフィール　良き生活習慣をもった次世代人の育成

1913（大正2）年に日本大学最初の付属校として「日本大学中学校」を創立。1950（昭和25）年、日本大学第一中学校、日本大学第一高等学校に名称を変更した。1997（平成9）年男女共学となり、2012年に100周年を迎えた。

「真・健・和」の校訓のもと、『絆を重んじ、良き生活習慣をもった、次世代人の育成』を教育理念として掲げている。

### 環境　多彩な施設でのびのびと学習

伝統と文化に彩られた両国の街に位置する。8階建ての本館、6階建ての新館、5階建ての小体育館棟のほか、座席数373席の多目的ホールは、最新の映像設備と音響設備を完備しており、映画の上映や学年集会などに使われている。そのほか、体育館を兼ねた大講堂やコンピュータ教室など、豊富な施設・設備を整えている。

### カリキュラム　日大への進学および難関大学受験にも対応

日本大学の特別付属校に指定されている本校では、付属校としての利点を生かしたゆとりある教育を実践。中学では基礎学力の充実・向上を図り、学力テストを実施するなど、より確実な学力の定着に努める。また、国際化

社会で必要な英語に関しては、英検の積極的な受験や、イングリッシュキャンプやオーストラリア語学研修等を実施している。

高校では、2年次から**文系・理系クラス**に分かれ、それぞれに難関大学進学クラスを設置し、生徒それぞれが目指す大学への進学希望に沿う指導。日本大学希望者は大学が課す付属高校に対するテストの成績により各学部に推薦される。

### 学校生活　ゆとりある中高一貫教育

絆を重んじる本校では、生徒同士、先生と生徒の触れ合いを大切にし、のびのびと学園生活が送れるよう様々な学校行事を設けている。

中学では、校外学習をはじめ、1年次にスキー教室、2年次にイングリッシュキャンプ、3年次に関西方面への修学旅行を実施する。高校では、1年次に宿泊研修と校外学習、2年次に宿泊研修と九州への修学旅行を実施する。そのほか、文化祭や体育祭など、思い出に残るイベントが盛りだくさんだ。

また、クラブ活動も活発。生徒たちは、目標を同じくする仲間と共に日々努力し、学業では得られない充実感や達成感を味わっている。

陸上・硬式野球・テニス・バスケットボール・バレーボール・アメリカンフットボール・ゴルフ・チアーリーダーなど15の体育部と、音楽・写真・演劇・ECCなど10の文化部のほか、バドミントンなど6の同好会もある。

### 進路　キャリア教育の充実

本校では、生徒たちの学問への関心を引き出し、学習意欲を高めるために積極的に高大連携教育を進めて

校舎全景　右から本館、新館、小体育館棟の3棟から成る

いる。具体的には、理工学部に週1回通って研究に取り組む制度、夏休み期間中に医学部・薬学部・歯学部で実習体験を行う制度、放課後に経済学部・法学部の講義を受ける制度（受講で取得した単位は大学入学後に認定される）など、様々なキャリア教育の充実を図っている。

日本大学では、一般受験に先立って優先的に推薦入学を行っている。これは、付属校ならではの特典だ。本校は、この「推薦入学制度」を充分に生かして、65.5%の生徒が日本大学各学部へ進学している。また、難関大学受験にも対応し、万全な進学体制を整えている。

日本大学以外の主な進学先は、早稲田大学、上智大学、東京理科大学、学習院大学、明治大学、立教大学、法政大学、青山学院大学、中央大学など。

**2024年度入試要項**

| | |
|---|---|
| 試験日 | 2/1（4科第1回）<br>2/2（4科第2回）<br>2/3（2科第1回）<br>2/5（2科第2回） |
| 試験科目 | 国・算・社・理（2/1・2/2）<br>国・算（2/3・2/5） |
| 募集定員 | 2/1（110名）<br>2/2（50名）<br>2/3（20名）<br>2/5（20名） |

※千葉日本大学第一小学校からの内部進学者を含む

# 過去問の効果的な使い方

① **はじめに**　ここでは，受験生のみなさんが，ご家庭で過去問を利用される場合の，一般的な活用法を説明していきます。もし，塾に通われていたり，家庭教師の指導のもとで学習されていたりする場合は，その先生方の指示にしたがって，過去問を活用してください。その理由は，通常，塾のカリキュラムや家庭教師の指導計画の中に過去問学習が含まれており，どの時期から，どのように過去問を活用するのか，という具体的な方法がそれぞれの場合で異なるからです。

② **目的**　言うまでもなく，志望校の入学試験に合格することが，過去問学習の第一の目的です。そのためには，それぞれの志望校の入試問題について，どのようなレベルのどのような分野の問題が何問，出題されているのかを確認し，近年の出題傾向を探り，合格点を得るための試行錯誤をして，各校の入学試験について自分なりの感触を得ることが必要になります。過去問学習は，このための重要な過程であり，合格に向けて，新たに実力を養成していく機会なのです。

③ **開始時期**　過去問との取り組みは，通常，全分野の学習が一通り終了した時期，すなわち6年生の7月から8月にかけて始まります。しかし，各分野の基本が身についていない場合や，反対に短期間で過去問学習をこなせるだけの実力がある場合は，9月以降が過去問学習の開始時期になります。

④ **活用法**　各年度の入試問題を全問マスターしよう，と思う必要はありません。完璧を目標にすると挫折しやすいものです。できるかぎり多くの問題を解けるにこしたことはありませんが，それよりも重要なのは，現実に各志望校に合格するために，どの問題が解けなければいけないか，どの問題は解けなくてもよいか，という眼力を養うことです。

## 算数

どの問題を解き，どの問題は解けなくてもよいのかを見極めるには相当の実力が必要になりますし，この段階にいきなり到達するのは容易ではないので，この前段階の一般的な過去問学習法，活用法を2つの場合に分けて説明します。

☆偏差値がほぼ55以上ある場合

掲載順の通り，新しい年度から順に年度ごとに3年度分以上，解いていきます。

ポイント1…問題集に直接書き込んで解くのではなく，各問題の計算法や解き方を，明快にわかるように意識してノートに書き記す。

ポイント2…答えの正誤を点検し，解けなかった問題に印をつける。特に，解説の 基本 重要 がついている問題で解けなかった問題をよく復習する。

ポイント3…1回目にできなかった問題を解き直す。同様に，2回目，3回目，…と解けなければいけない問題を解き直す。

ポイント4…難問を解く必要はなく，基本をおろそかにしないこと。

☆偏差値が50前後かそれ以下の場合

ポイント1～4以外に，志望校の出題内容で「計算問題・一行問題」の比重が大きい場合，これらの問題をまず優先してマスターするとか，例えば，大問2までをマスターしてしまうとよいでしょう。

## 理科

理科は[1]から順番に解くことにほとんど意味はありません。理科は，性格の違う4つの分野が合わさった科目です。また，同じ分野でも単なる知識問題なのか，あるいは実験や観察の考察問題なのかによってもかかる時間がずいぶんちがいます。記述，計算，描図など，出題形式もさまざまです。ですから，解く順番の上手，下手で，10点以上の差がつくこともあります。

過去問を解き始める時も，はじめに1回分の試験問題の全体を見通して，解く順番を決めましょう。得意分野から解くのもよいでしょう。短時間で解けそうな問題を見つけて手をつけるのも効果的です。くれぐれも，難問に時間を取られすぎないように，わからない問題はスキップして，早めに全体を解き終えることを意識しましょう。

## 社会

社会は[1]から順番に解いていってかまいません。ただし，時間のかかりそうな，「地形図の読み取り」，「統計の読み取り」，「計算が必要な問題」，「字数の多い論述問題」などは後回しにするのが賢明です。また，3分野（地理・歴史・政治）の中で極端に得意，不得意がある受験生は，得意分野から手をつけるべきです。

過去問を解くときは，試験時間を有効に活用できるよう，時間は常に意識しなければなりません。ただし，時間に追われて雑にならないようにする注意が必要です。“誤っているもの”を選ぶ設問なのに“正しいもの”を選んでしまった，“すべて選びなさい”という設問なのに一つしか選ばなかったなどが致命的なミスになってしまいます。問題文の“正しいもの”，“誤っているもの”，“一つ選び”，“すべて選び”などに下線を引いて，一つ一つ確認しながら問題を解くとよいでしょう。

過去問を解き終わったら，自己採点し，受験生自身でふり返りをしましょう。できなかった問題については，なぜできなかったのかについての分析が必要です。例えば，「知識が必要な問題」ができなかったのか，「問題文や資料から判断する問題」ができなかったのかで，これから取り組むべきことも大きく異なってくるはずです。また，正解できた問題も，「勘で解いた」，「確信が持てない」といったときはふり返りが必要です。問題集の解説を読んでも納得がいかないときは，塾の先生などに質問をして，理解するようにしましょう。

## 国語

過去問に取り組む一番の目的は，志望校の傾向をつかみ，本番でどのように入試問題と向かい合うべきか考えることです。素材文の傾向，設問の傾向，問題数の傾向など，十分に研究していきましょう。

取り組む際は，まず解答用紙を確認しましょう。漢字や語句問題の量，記述問題の種類や量などが，解答用紙を見て，わかります。次に，ページをめくり，問題用紙全体を確認しましょう。どのような問題配列になっているのか，問題の難度はどの程度か，などを確認して，どの問題から取り組むべきかを判断するとよいでしょう。

一般的に「漢字」→「語句問題」→「読解問題」という形で取り組むと，効率よく時間を使うことができます。

また，解答用紙は，必ず，実際の大きさのものを使用しましょう。字数指定のない記述問題などは，解答欄の大きさから，書く量を考えていきましょう。

# 算数　出題傾向の分析と合格への対策

## ●出題傾向と内容

近年の出題数は，大問が6～7題，解答数にして20～21問で，昨年と同様，本年も[1]が四則計算，[2]が各単元からの基本的な小問群，[3]以降が分野別問題という構成である。

[3]以降の分野別問題でも基本レベルの問題が出題されているが，「図形」・「規則性」・「統計」の問題などでやや難しい問題も含まれている。したがって，問題のレベルに応じた時間配分を考えて，できる問題から着実に解いていこう。

本校では基本レベルの問題が多く出題されているので，「割合と比」，「図形」，「表とグラフ」，「規則性」などの問題を中心にした基本の定着を図ることが第一である。

### ✔学習のポイント

計算問題と各分野の基本問題を着実に解くことを目標にして，幅広く基礎力の養成を図ることが，合格への鍵である。

## ●2025年度の予想と対策

出題率の高い分野は「統計・表とグラフ」,「割合と比」,「平面図形」,「立体図形」である。

対策としては，まず各単元の基本問題を練習し，基礎をしっかりと固めることが大切である。苦手な単元は早めに克服し，弱点を残さないようにしよう。各分野を代表する基本問題を何回も繰り返し練習し，確実に解けるようにしたい。

また，計算の工夫をすることで計算問題を素早く解けるようにしておこう。試験時間は50分だが，速く，正確に計算する力も要求される。

時間を計って，本校の過去の問題にチャレンジすることも有効で重要な対策である。

▼年度別出題内容分類表

※　よく出ている順に☆，◎，○の５段階で示してあります。

| 出題内容 | | | 2020年 | 2021年 | 2022年 | 2023年 | 2024年 |
|---|---|---|---|---|---|---|---|
| 数と計算 | 四則計算 | | ○ | ○ | ○ | ○ | ○ |
| | 概数・単位の換算 | | ○ | | ○ | | ○ |
| | 数の性質 | | | | | | |
| | 演算記号 | | | | | | |
| 図形 | 平面図形 | | ☆ | ☆ | ☆ | ○ | ☆ |
| | 立体図形 | | ☆ | ◎ | ☆ | ☆ | ○ |
| | 面積 | | ◎ | ◎ | ○ | ☆ | ○ |
| | 体積と容積 | | ○ | | | ○ | |
| | 縮図と拡大図 | | | | | | |
| | 図形や点の移動 | | ☆ | ☆ | | | ○ |
| 速さ | 三公式と比 | | ☆ | ○ | ◎ | ☆ | ○ |
| | 文章題 | 旅人算 | | | ◎ | | |
| | | 流水算 | | | | | ☆ |
| | | 通過算・時計算 | | ○ | | | |
| 割合 | 割合と比 | | ☆ | ☆ | ☆ | ☆ | ☆ |
| | 文章題 | 相当算・還元算 | | | | ○ | |
| | | 倍数算 | | | | | |
| | | 分配算 | | | | | |
| | | 仕事算・ニュートン算 | | ○ | | | |
| 文字と式 | | | | | | | |
| 2量の関係(比例・反比例) | | | | | | | |
| 統計・表とグラフ | | | ☆ | ☆ | ☆ | ☆ | ☆ |
| 場合の数・確からしさ | | | | | | | ◎ |
| 数列・規則性 | | | ○ | ☆ | ☆ | ◎ | |
| 論理・推理・集合 | | | | | | | |
| その他の文章題 | 和差・平均算 | | | | ○ | | ○ |
| | つるかめ・過不足・差集め算 | | | | | | |
| | 消去・年令算 | | | | | ○ | |
| | 植木・方陣算 | | | | | | |

日本大学第一中学校

# 算数 ——グラフで見る最近5ヶ年の傾向——

最近5ヶ年に出題されたすべての問題を内容別に分類・集計し，全体に対して何パーセントくらいの割合になっているかを示しました。

□……50校の平均　■……日本大学第一中学校

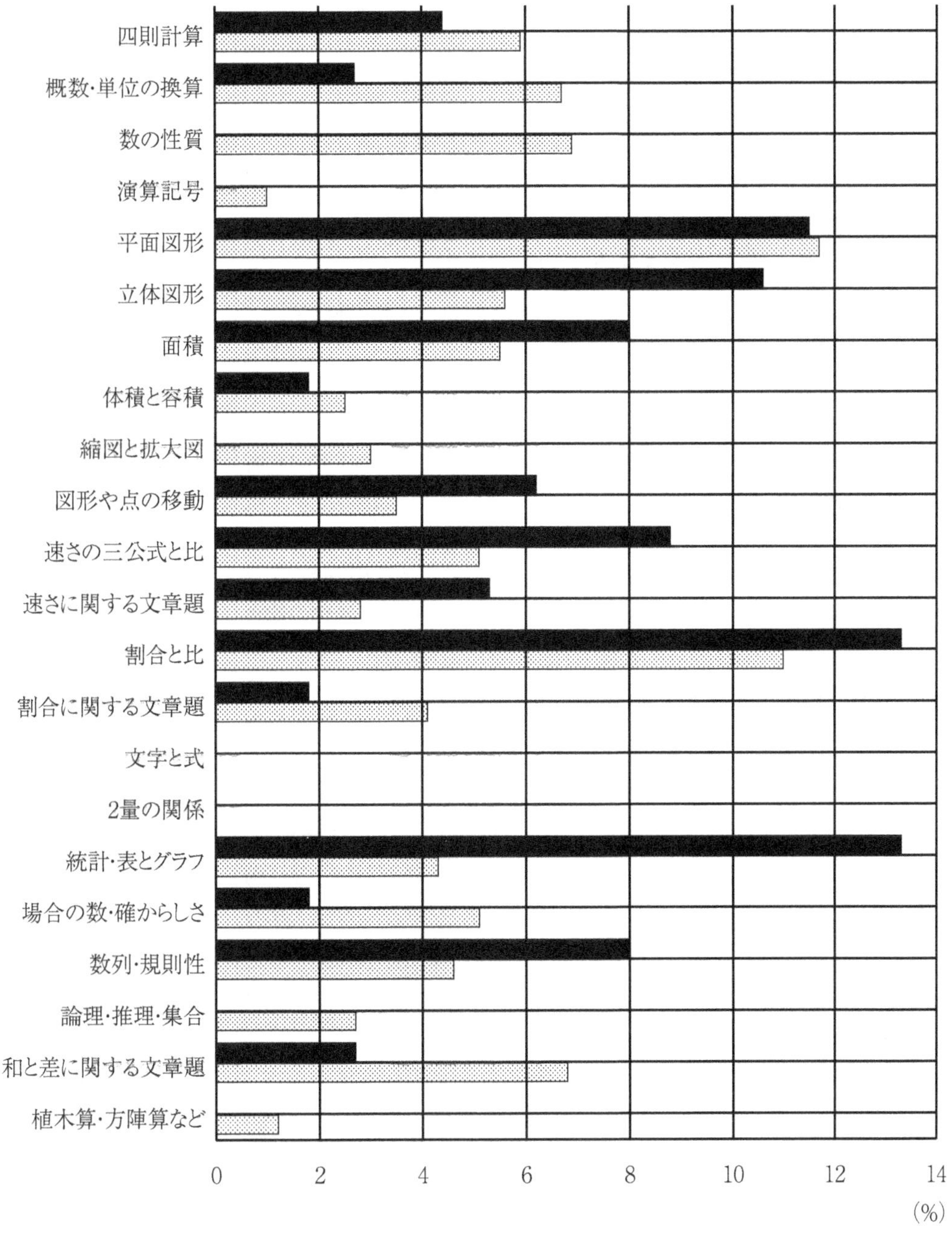

# 理科　出題傾向の分析と合格への対策

## ●出題傾向と内容

今年度は大問5題で，うち2題は生物分野からの出題であった。小問数は40題程度であった。

問題のレベルは全体的には基本的である。計算問題の中には難しい問題もあった。出題範囲は，理科の4分野すべてから出されている。試験時間が30分で，時間配分には気をつけたい。

出題の多い分野としては，動物，岩石，気体の発生，燃焼，電流と回路などがあるが，分野に偏らない理科全般に関する学習をすることは大切である。

また，実験や観察を題材にした問題も出題されるので，操作の意味などを理解しておきたい。

### ✔学習のポイント

各分野の基礎的な知識のしっかりとした理解が大切である。

## ●2025年度の予想と対策

理科全般からの偏りのない出題が見られるので，苦手分野をつくらないようにする必要がある。

問題のレベルはほとんどが基本・標準的なので，普段の学習では標準的なレベルの問題集を演習するとよい。また，重要な科学用語などは確実に答えられるようにしておこう。

生物分野などでは，例に当てはまる植物や動物の具体的な名前なども覚えるようにしたい。

実験や観察についても出題されるので，代表的な実験器具の取り扱いや操作の仕方などについても，知っておくようにしたい。また，時事的な内容の問題の出題にも注意したい。

▼年度別出題内容分類表

※　よく出ている順に☆，◎，○の5段階で示してあります。

| 出題内容 | | 2020年 | 2021年 | 2022年 | 2023年 | 2024年 |
|---|---|---|---|---|---|---|
| 生物 | 植物 | | ☆ | ☆ | | |
| | 動物 | ○ | ☆ | | ☆ | ☆ |
| | 人体 | ☆ | | ☆ | ☆ | ☆ |
| | 生物総合 | | | | | |
| 天体・気象・地形 | 星と星座 | | | | | |
| | 地球と太陽・月 | | ☆ | ◎ | | |
| | 気象 | | ☆ | | ☆ | |
| | 流水・地層・岩石 | ☆ | | ◎ | | ☆ |
| | 天体・気象・地形の総合 | | | | | |
| 物質と変化 | 水溶液の性質・物質との反応 | | | ☆ | | |
| | 気体の発生・性質 | | ○ | | ◎ | |
| | ものの溶け方 | | | | | ☆ |
| | 燃焼 | ☆ | ◎ | | ◎ | |
| | 金属の性質 | | | | | |
| | 物質の状態変化 | | | ◎ | | |
| | 物質と変化の総合 | | | | | |
| 熱・光・音 | 熱の伝わり方 | | | ◎ | | |
| | 光の性質 | | | | | |
| | 音の性質 | | | | | |
| | 熱・光・音の総合 | | | | | |
| 力のはたらき | ばね | | | | | ☆ |
| | てこ・てんびん・滑車・輪軸 | ☆ | | ☆ | | |
| | 物体の運動 | | ☆ | | | |
| | 浮力と密度・圧力 | | | | | |
| | 力のはたらきの総合 | | | | | |
| 電流 | 回路と電流 | ☆ | | | ☆ | ☆ |
| | 電流のはたらき・電磁石 | | ☆ | | | |
| | 電流の総合 | | | | | |
| 実験・観察 | | | ☆ | ○ | ◎ | ◎ |
| 環境と時事／その他 | | | | ○ | | |

日本大学第一中学校

# 理科 ——グラフで見る最近５ヶ年の傾向——

最近５ヶ年に出題されたすべての問題を内容別に分類・集計し，全体に対して何パーセントくらいの割合になっているかを示しました。

□……50校の平均　■……日本大学第一中学校

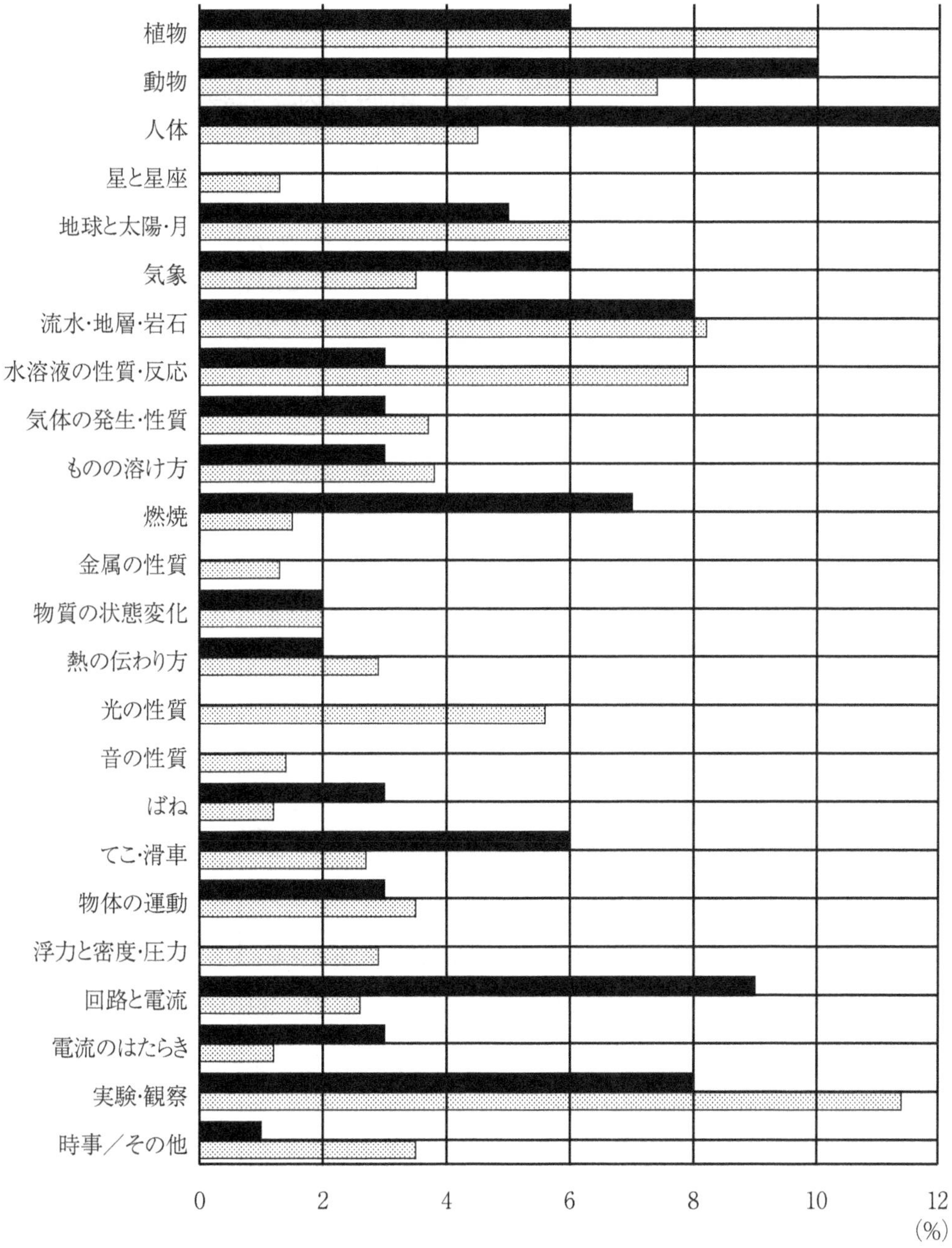

# 社会 出題傾向の分析と合格への対策

## ●出題傾向と内容

今年度の大問数は2題で，1が地理，2が歴史と政治という具合になっている。地理と歴史については形式，内容等は例年とさほど変わらない。形式で見ると，語句記入が多くなっている。

地理は日本の各地の地形と産業に関するもので，ほぼ基本的なものばかりである。

歴史は原始から現代の通史で，年号をある程度知らないと解けないものもある。

政治は選挙に関するもので基本的な内容であった。

### 学習のポイント

地理：地図帳を積極的に活用しよう。
歴史：主要な出来事の年号も覚えられるだけ覚えておこう。
政治：三権を中心に国連や時事にも目を向けておこう。

## ●2025年度の予想と対策

まずは基本事項を正確に覚え，そのうえで，さまざまな資料や地図などになれ，出題に対応することが合格に近づく道になる。漢字で書けないと正解にならないものが多いので要注意。

地理では，地図帳を最大限に活用し，教科書などで目にする地名は場所も含めて確実に押さえておきたい。また，勉強中に目にした統計類はある程度の順位などは覚えておきたい。

歴史では各時代の整理をした上で，時代の流れと年号を確認するとよいであろう。重要な出来事に関しては関連する史料や図版なども資料集で見ておきたい。

政治では，日本国憲法と政治の仕組みや働きを中心に学習しよう。国際連合や時事問題についても触れるようにしておきたい。

▼年度別出題内容分類表

※　よく出ている順に☆，◎，○の５段階で示してあります。

| 出題内容 | | | 2020年 | 2021年 | 2022年 | 2023年 | 2024年 |
|---|---|---|---|---|---|---|---|
| 地理 | 日本の地理 | 地図の見方 | | | | | |
| | | 日本の国土と自然 | ◎ | ☆ | ◎ | ☆ | ☆ |
| | | 人口・土地利用・資源 | | ○ | ○ | | ○ |
| | | 農業 | ◎ | | | ○ | ○ |
| | | 水産業 | | ◎ | ○ | ○ | |
| | | 工業 | | | ○ | | ○ |
| | | 運輸・通信・貿易 | ○ | | ○ | ○ | |
| | | 商業・経済一般 | | | | | |
| | 公害・環境問題 | | ◎ | | | | ○ |
| | 世界の地理 | | | | | | |
| 日本の歴史 | 時代別 | 原始から平安時代 | ◎ | ☆ | ◎ | ☆ | ◎ |
| | | 鎌倉・室町時代 | ◎ | ◎ | ◎ | ◎ | ◎ |
| | | 安土桃山・江戸時代 | ○ | ○ | ◎ | ◎ | ◎ |
| | | 明治時代から現代 | ☆ | ◎ | ◎ | ◎ | ◎ |
| | テーマ別 | 政治・法律 | ☆ | ☆ | ☆ | ☆ | ☆ |
| | | 経済・社会・技術 | | ◎ | | | ○ |
| | | 文化・宗教・教育 | | ○ | ○ | ○ | ○ |
| | | 外交 | ◎ | ○ | ◎ | ◎ | ○ |
| 政治 | 憲法の原理・基本的人権 | | | | | ○ | |
| | 政治のしくみと働き | | ☆ | ○ | ◎ | ◎ | ○ |
| | 地方自治 | | ◎ | | ○ | | |
| | 国民生活と福祉 | | | | | | |
| | 国際社会と平和 | | ○ | ◎ | | | |
| 時事問題 | | | ◎ | ○ | | | |
| その他 | | | ○ | | | | |

日本大学第一中学校

# 社会 ――グラフで見る最近5ヶ年の傾向――

最近5ヶ年に出題されたすべての問題を内容別に分類・集計し，全体に対して何パーセントくらいの割合になっているかを示しました。

……50校の平均　　……日本大学第一中学校

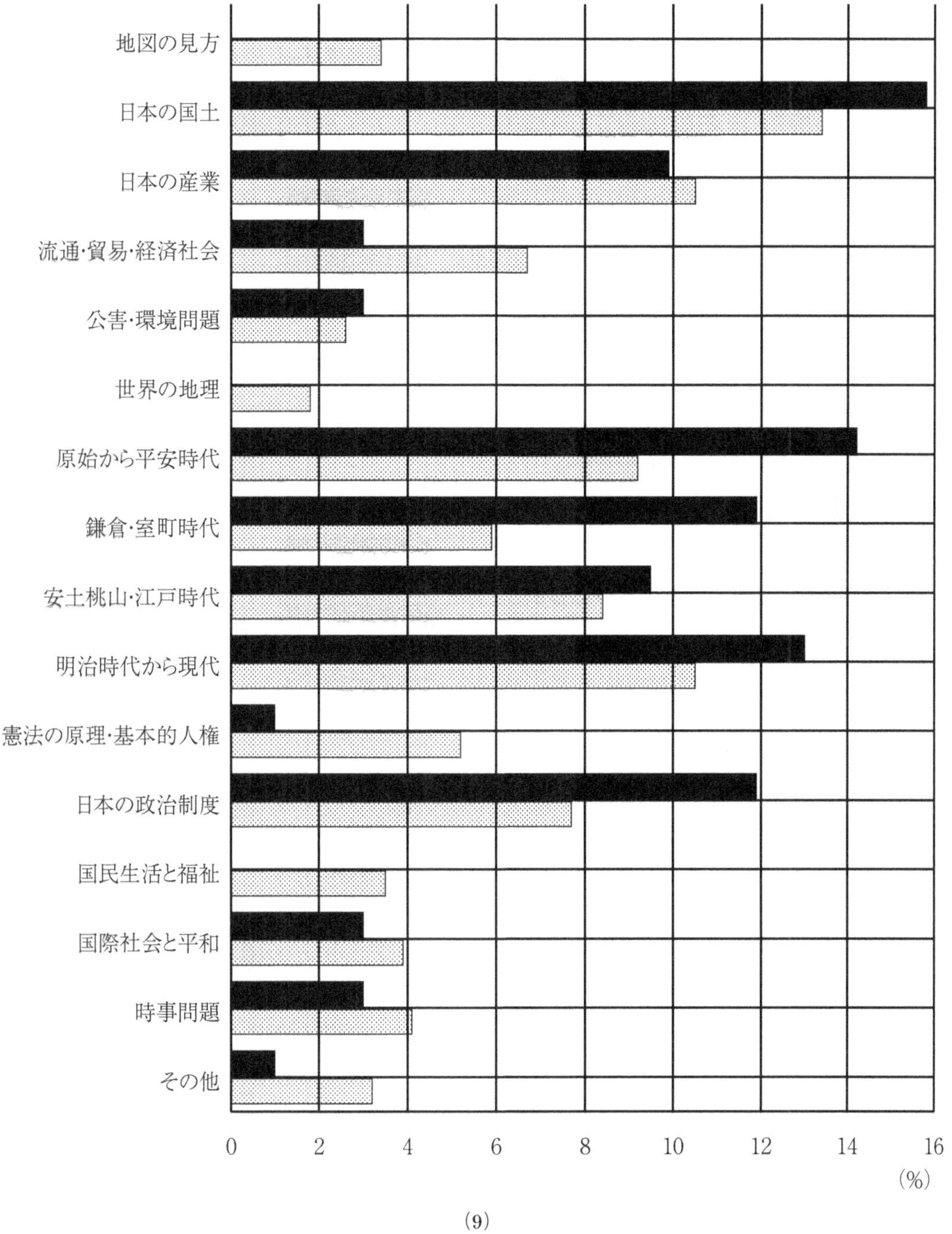

# 国語 出題傾向の分析と合格への対策

## ●出題傾向と内容

今年度は，反対語や四字熟語の意味などの独立した知識分野が1題，論理的文章と文学的文章が各1題ずつの大問3題構成であった。

論理的文章では筆者の考えを，文学的文章では登場人物の心情を，細部にわたってていねいに読み取る力が求められている。

解答形式は，記号選択式や抜き出し式中心だが，短い字数の記述問題も出題された。

知識問題は，漢字の読み書きのほか，反対語や熟語の構成，言葉の意味など範囲は幅広く，本文に組み込まれる形でも出題されている。

文章を丁寧に読み取る読解力と幅広い知識が試される内容である。

### 学習のポイント

・文脈を丁寧にとらえていこう！
・知識分野の取りこぼしがないようにしよう！

## ●2025年度の予想と対策

知識分野と長文読解問題の大問3題の問題構成という形は，今後も継続すると予想される。

ジュニア向けの新書やヤングアダルト向けの小説などを通して，感性や考え方を養っておくことが，読解問題の理解にもつながる。自分の言葉を用いて書く記述問題にも備えて，得点につなげるためにも，過去問などを通して，的確な記述力をつけておきたい。

知識問題は，基本的な漢字の読み書きを中心に，同類語・反対語，文法，熟語，表現技法など広範囲にわたる実力をつけておくこと。

▼年度別出題内容分類表

※　よく出ている順に☆，◎，○の５段階で示してあります。

| 出題内容 | | | 2020年 | 2021年 | 2022年 | 2023年 | 2024年 |
|---|---|---|---|---|---|---|---|
| 内容の分類 | 読解 | 主題・表題の読み取り | | | | | |
| | | 要旨・大意の読み取り | | ○ | ○ | ○ | ○ |
| | | 心情・情景の読み取り | ☆ | ☆ | ☆ | ☆ | ☆ |
| | | 論理展開・段落構成の読み取り | ○ | | | | ○ |
| | | 文章の細部の読み取り | ☆ | ☆ | ☆ | ☆ | ☆ |
| | | 指示語の問題 | | ○ | ○ | ○ | ○ |
| | | 接続語の問題 | ○ | ○ | ○ | ○ | ○ |
| | | 空欄補充の問題 | ○ | ○ | ◎ | ☆ | ◎ |
| | 知識 | ことばの意味 | ○ | | ○ | ○ | ○ |
| | | 同類語・反対語 | ○ | ○ | | ○ | ○ |
| | | ことわざ・慣用句・四字熟語 | ○ | ○ | | | ○ |
| | | 漢字の読み書き | ◎ | ◎ | ◎ | ◎ | ◎ |
| | | 筆順・画数・部首 | | | | | |
| | | 文と文節 | | | | | |
| | | ことばの用法・品詞 | | ○ | | | |
| | | かなづかい | | | | | |
| | | 表現技法 | ○ | | | | |
| | | 文学作品と作者 | | | | | |
| | | 敬語 | | | | | |
| | 表現 | 短文作成 | | | | | |
| | | 記述力・表現力 | ☆ | ☆ | ☆ | ○ | ◎ |
| 文の種類 | | 論説文・説明文 | ○ | ○ | ○ | ○ | ○ |
| | | 記録文・報告文 | | | | | |
| | | 物語・小説・伝記 | | ○ | ○ | ○ | ○ |
| | | 随筆・紀行文・日記 | ○ | | | | |
| | | 詩（その解説も含む） | | | | | |
| | | 短歌・俳句（その解説も含む） | | | | | |
| | | その他 | | | | | |

日本大学第一中学校

# 国語 ――グラフで見る最近５ヶ年の傾向――

最近５ヶ年に出題されたすべての問題を内容別に分類・集計し，全体に対して何パーセントくらいの割合になっているかを示しました。

……50校の平均　　　　……日本大学第一中学校

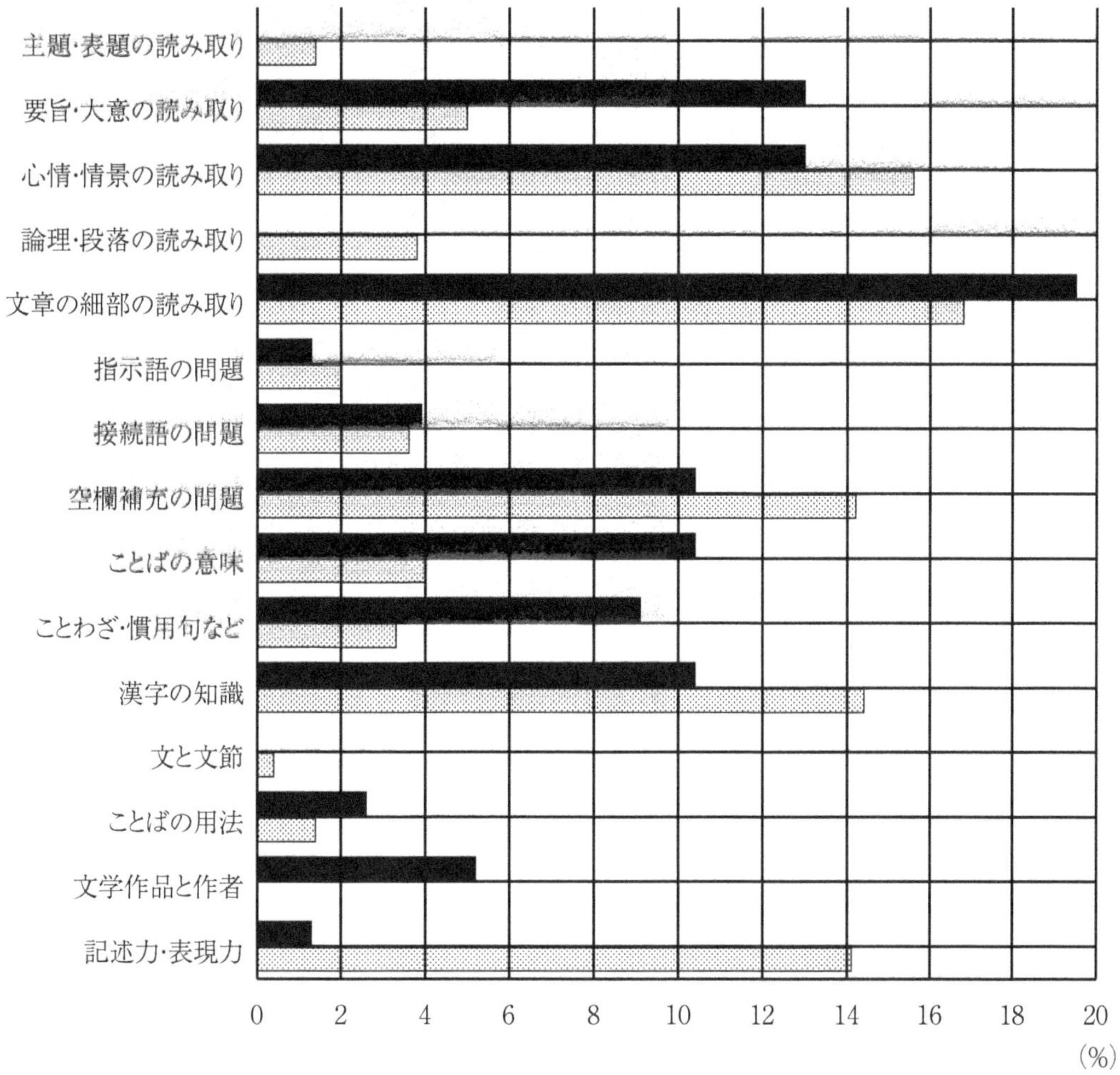


| | 論説文<br>説明文 | 物語・小説<br>伝記 | 随筆・紀行<br>文・日記 | 詩<br>（その解説） | 短歌・俳句<br>（その解説） |
|---|---|---|---|---|---|
| 日本大学第一中学校 | 50% | 50% | 0% | 0% | 0% |
| 50校の平均 | 47.0% | 45.0% | 8.0% | 0% | 0% |

# 2024年度　合否の鍵はこの問題だ!!

## 算　数　6

流水算の問題ではあるが，(3)はグラフから図形の問題としても解くことができる。色々な手法で解けるようにしておくと検算にもなる。

下図の通り各頂点に記号を付ける。QはOHの延長線とQ町との交点，UはEOの延長線とP町との交点である。求めるのはAVの長さ。

三角形AICと三角形AFTは相似なので，AC：AT＝4800：21600＝2：9であり，AT＝32÷2×9＝144　　三角形BICと三角形BDRも相似なので，BC：BR＝4800：21600＝2：9であり，BR＝20÷2×9＝90より，AR＝90＋12＝102　　RS＝10よりAS＝112　　ST＝EF＝AT－AS＝144－112＝32　船BがP町からQ町まで川を上るときの速さは分速240m，Q町からP町まで川を下るときの速さは分速360mなので，BRとSUの比は速さの逆比になりBR：SU＝3：2であり，SU＝90÷3×2＝60　AU＝AS＋SU＝112＋60＝172　　TU＝SU－ST＝60－32＝28　　三角形OUTと三角形OEFは相似であり，相似比はTU：EF＝28：32＝7：8　　三角形OTHと三角形OFQも相似であり，TH＝AH－AT＝256－144＝112よりFQ＝112÷7×8＝128　　三角形PFQと三角形PGHも相似であり，相似比はFQ：GH＝128：(256－224)＝128：32＝4：1　　FP：PG＝TV：VG＝4：1なのでTV＝80÷(1＋4)×4＝64　　したがって，AV＝AT＋TV＝144＋64＝208

グラフの問題を解くときに図形として解くことにもぜひ挑戦してほしい。

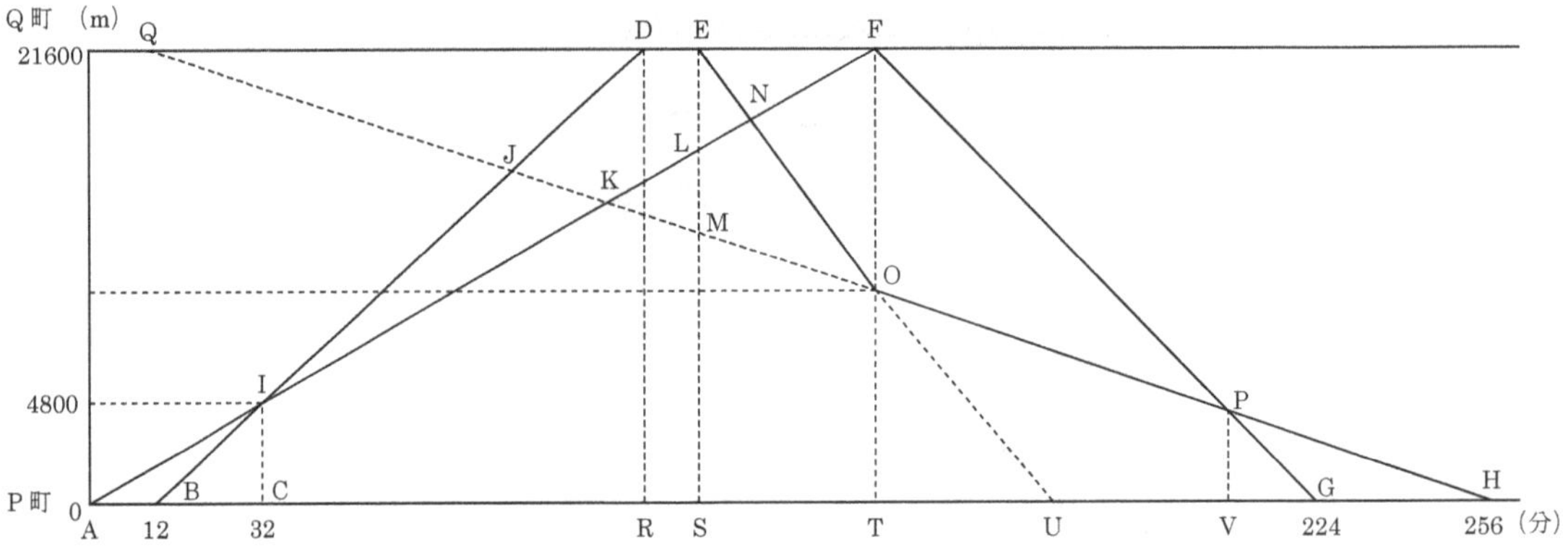


## 理　科　2

3種類のばねA，B，Cに10gのおもりを何個かつるした時の長さの比較から，重さのわからない物体Mの重さ，ばねBの自然長，ばねCののびを計算する問題である。

ばねAの自然長が14cmでおもり4個(40g)で長さが22cmになることが与えられていることから，ばねAがおもり1個(10g)で2cmのびることがわかる。

表1，表2でそれぞれ3つ，合計6種類の3種類のばねA，B，Cが同じ長さになるときの条件が与えられている。長さを計算することができるのは，ばねAとの組み合わせの時だけなので，そこからばねB，ばねCののびを考えていく問題である。

算数の消去算の考え方を利用して解くことに気がつくことが要求されるので，難しくなっている。

ばねに関する問題ではあるが試験時間30分を考えると先に他の問題を優先して解く必要もある。

## 社　会　1　問6

本校では，基本的な知識事項の丸暗記だけでは対応できない「思考力」や「読み取り力」が試される問題が出題される。自分自身で持っている知識を活用したり，まとまった分量のリード文や資料データを読解することが求められている。このような力は一朝一夕では身につかないものなので，日々の継続的なトレーニングの積み重ねが不可欠となってくる。設問が変わってもしっかり対応できるような汎用性の高い力をつけることができるかが大切になってくる。

1・問6の設問は，以上のような出題傾向を象徴している問題であり，過去問演習等で対策してきた受験生とそうでない受験生とではっきり差がつくことが予想される。形式に慣れていないと試験本番で焦ってしまう可能性がある。この設問は，「面積・人口・コメ」に関する問題であるが，一定時間内に正確にできるかどうかがポイントとなってくる。「スピード」と「慎重さ」がともに求められる設問となる。本校の社会の問題は全体的に設問数が多く，この問題に必要以上に時間を割いてしまうと，制限時間切れになってしまう危険性もある。

この設問の配点自体が他の設問と比べて高いということはないが，合格ラインに到達するためにはこのような問題で確実に得点することが求められ，「合否を左右する設問」といっても過言ではない。

## 国　語　三　問12

文章の内容を図で表す設問でポイントになるのは，何について問われているのかを正しくつかむことである。そこをしっかりとつかめないままに設問に取り組んでもピントのずれた解答をしてしまうか，時間ばかりかかって正解にたどり着けないということになってしまう。設問の意図を正しくつかむことが合否の鍵になる。

問12は，文章で描かれたバスのルートを読み取るものである。ポイントは「反時計回り」の意味をつかむことだ。時計の針は右回りに進む。「反時計回り」とは，時計の針の回り方とは反対ということで，左回りということだ。それがわかれば，あとは登場してくる地名を順番に追っていけばよい。ここで，イとエは外れる。アは地名の順番は正しいが，右回りに並んでいる。地名の並び方・位置関係に惑わされた人もいるかもしれないが，左回りと順番さえ押さえれば，位置関係は気にする必要はない。

何について問われているのか，何に注目すればよいのか，問題を解くために必要なことがらは何かといった正解にいたるための条件をしっかりと押さえることが重要なのである。

MEMO

大切なことはメモしておこうネ！

# 2024年度

★★★★★★★★★★★★★★★★★★★★★★★

# 入　試　問　題

## 2024年度

# 日本大学第一中学校入試問題

**【算　数】**（50分）〈満点：100点〉

**1** 次の計算をしなさい。ただし，（５）は $\square$ にあてはまる数を求めなさい。

（１）　$300-121\div(2-5\div8)$

（２）　$\frac{3}{4}\div1\frac{5}{28}-\frac{7}{8}\div2\frac{13}{32}$

（３）　$6\times\left(\frac{1}{2}+0.7-\frac{2}{3}\right)+\left(\frac{5}{16}-0.25\right)\div\frac{1}{8}$

（４）　$0.56\times\frac{2}{5}+3.36\div0.75+2.24\times0.9$

（５）　$30-\left(16+3\times\square\right)\div4=8$

**2** 次の各問いに答えなさい。

（１）　長さ1900mのトンネルに自動車が入って，2分7秒でトンネルを出ました。自動車の長さを5mとするとき，自動車は時速何kmで走っていましたか。

（２）　Aさん，Bさん，Cさんの身長の平均は156cmで，Aさんの身長はBさんよりも25cm高く，Cさんの身長は159cmです。Aさんの身長は何cmですか。

（３）　ある品物に4割の利益を見込《こ》んで定価をつけましたが，売れなかったため定価の20%引きの8400円で売りました。利益はいくらですか。ただし，消費税は考えないものとします。

（４）　右の図のように，1辺の長さが1cmの正方形6枚を，辺がぴったり重なるように並べます。直線$\ell$を軸《じく》として1回転させてできる立体の表面積は何$cm^2$ですか。ただし，円周率は3.14とします。

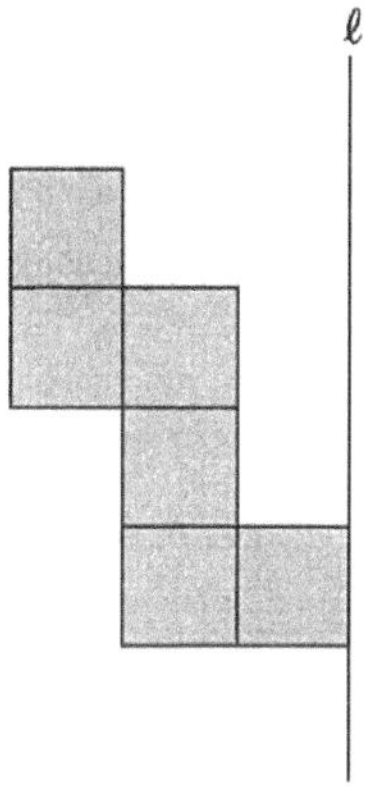


（５）　右の図の四角形は1辺の長さが26cmの正方形です。色のついた部分の面積は何$cm^2$ですか。

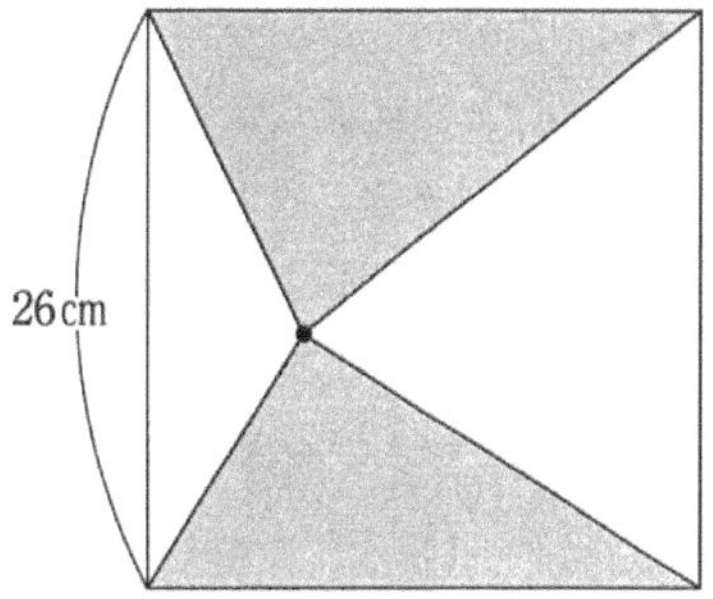

**3**　右の表は，ある40人のクラスに行った国語と算数のテストの結果を整理したものです。表の中の②は，「算数のテストが2点で，国語のテストが4点の人が2人いる」ことを表しています。このとき，次の各問いに答えなさい。

（1）　国語の平均点を求めなさい。

（2）　2つのテストの結果で，算数の方が国語よりも点数が高かった生徒は全体の何％ですか。

（3）　2つのテストの平均点が7点以上の生徒は全体の何％ですか。

| 国語＼算数 | 0 | 2 | 4 | 6 | 8 | 10 |
|---|---|---|---|---|---|---|
| 0 | | | | | | |
| 2 | | 1 | | | | 3 |
| 4 | | ② | 4 | 2 | | |
| 6 | | | 3 | 3 | 4 | 3 |
| 8 | | 1 | 1 | 2 | 4 | 2 |
| 10 | | | | 4 | | 1 |

**4**　図1のように1辺15cmの正方形の紙に2本の直線を引き，4つの同じ形の図形ができるように切りました。図2は切り離《はな》した4つの図形を組み合わせて，新たにつくった正方形です。このとき，次の各問いに答えなさい。

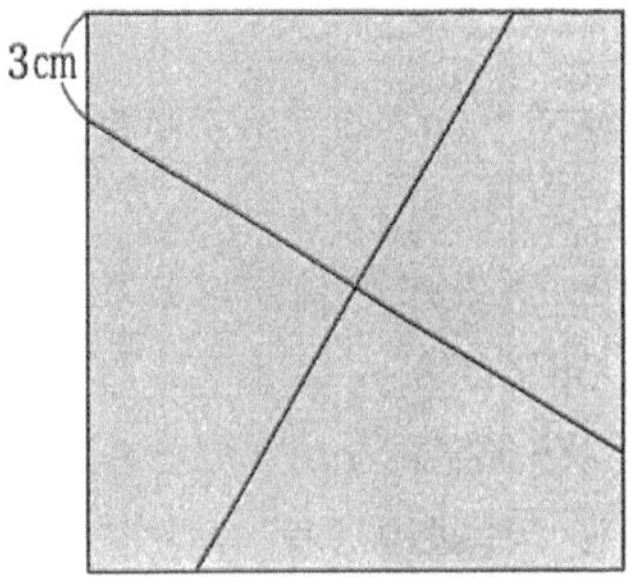


図1

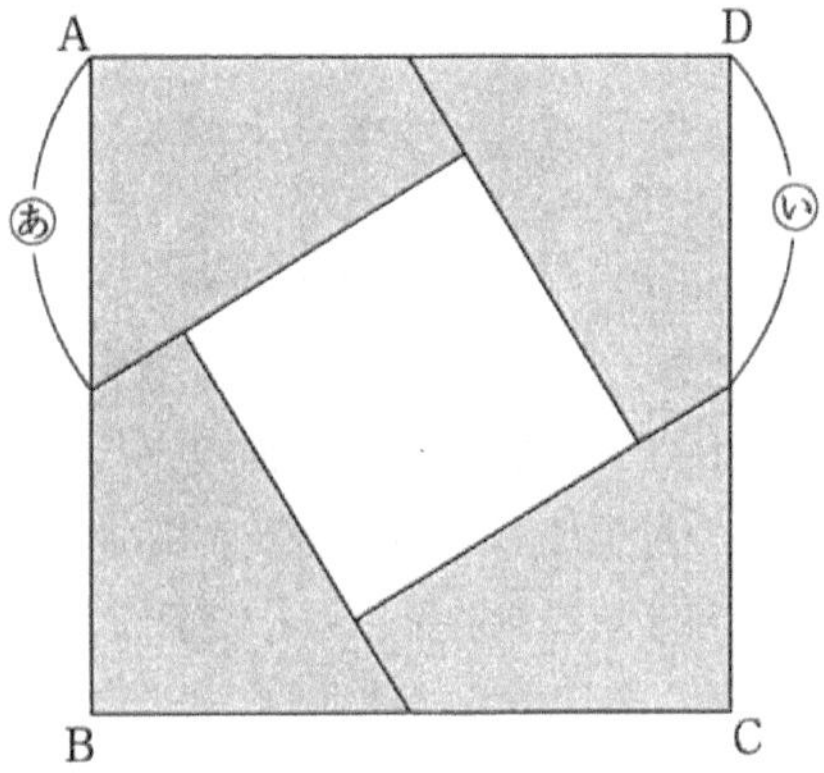


図2

（1）　辺の長さの比あ：いを最も簡単な整数の比で表しなさい。

（2）　図2の正方形ABCDの面積は図1の正方形の面積の何倍ですか。

**5**　4枚のカード5，6，8，9をすべて使って4けたの整数をつくります。このとき，次の各問いに答えなさい。

（1）　4けたの整数は全部で何通りできますか。

（2）　（1）で考えた4けたの整数の平均はいくつになりますか。

**6**　次のページのグラフは，船A，船Bが21600m離《はな》れた，川の下流にあるP町と川の上流にあるQ町とを往復したときのようすを表したものです。船AはP町を出発し，Q町で休むことなくP町へ引き返しました。船Bは，船Aが出発してから12分後にP町を出発し，Q町で10分休んでからP町へ引き返しました。ところが，P町へ引き返す途中で船Bのエンジンが故障してしまい，減速して進んでいると船Aに追いぬかれました。このとき，次の各問いに答えなさい。ただし，2せきの船A，Bの静水時での速さと川の流れの速さは一定とします。

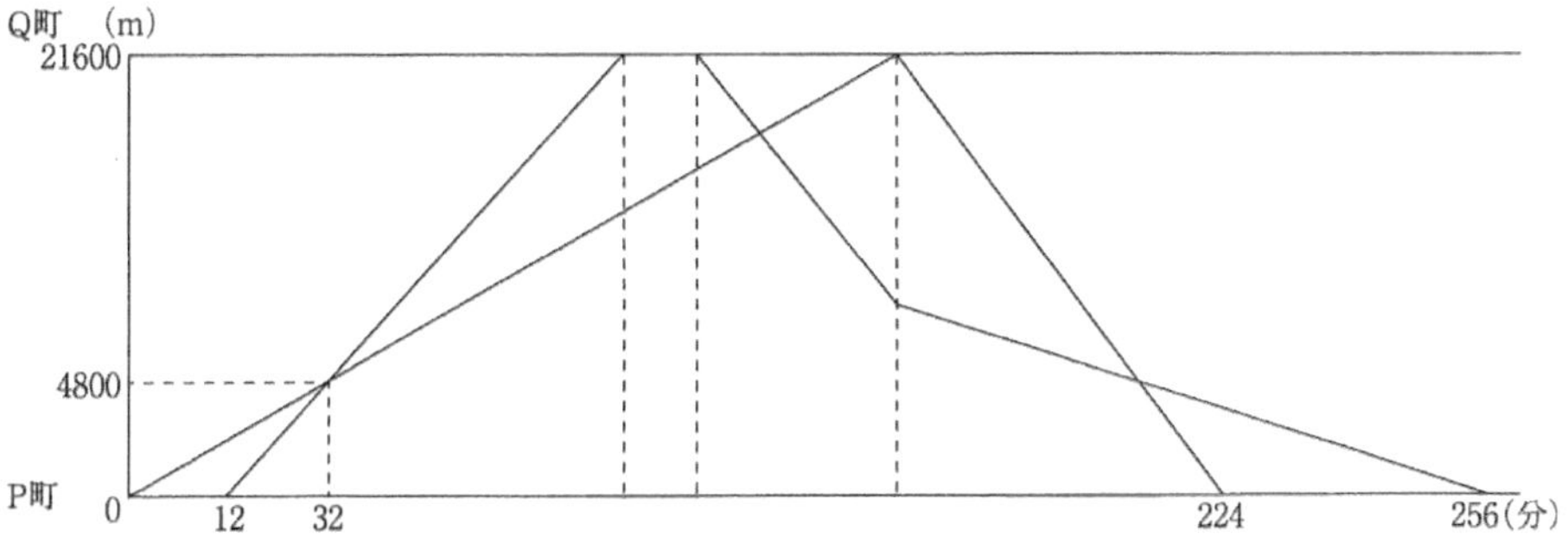


（１）　船Aが上流に向かって進むときの速さは分速何mですか。

（２）　川の流れの速さは分速何mですか。

（３）　船AがQ町を出発してから船Bに追いつくのは船AがP町を出発してから何分後ですか。

**【理　科】**（30分）〈満点：50点〉

**1** 電気の通り道のことを「回路」といい，電流を通ずるための針金を「導線」という。乾電《かんでん》池《ち》・豆電球・導線および切り替《か》え器を使った「回路」について，各問いに答えなさい。

（1） 下の①～③のように回路をつくったところ，①～③のすべての回路で豆電球が光らなかった。その理由としてもっとも適当なものを，下のア～エからひとつずつ選んで，記号で答えなさい。

①

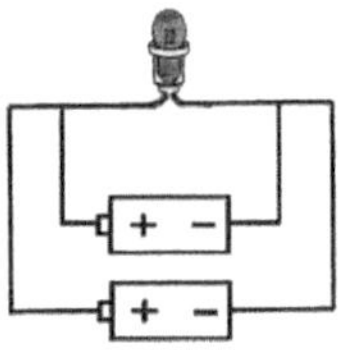

②

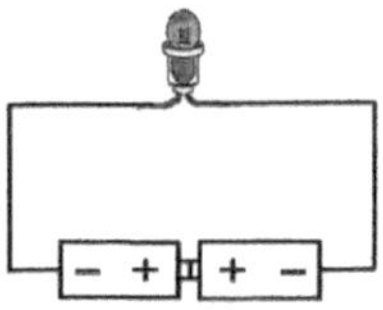

③

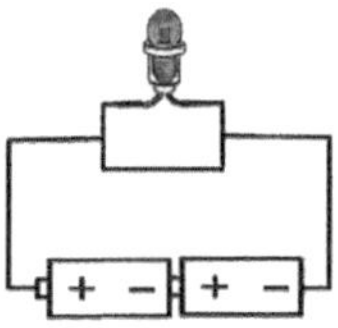

ア．２つの電池の向きがまちがっているため
イ．電池のつながっていない回路のため
ウ．豆電球以外にしか電流が流れない回路のため
エ．回路はまちがっていないので，電池か豆電球が切れている可能性がある

（2） 次の文章の(①) ～ (⑤)にあてはまる語句を，語群のア～エから選んで，記号で答えなさい。ただし，同じ記号を何度使ってもよい。

語群

ア．ａとｃ　　イ．ａとｅ
ウ．ｂとｄ　　エ．ｂとｆ

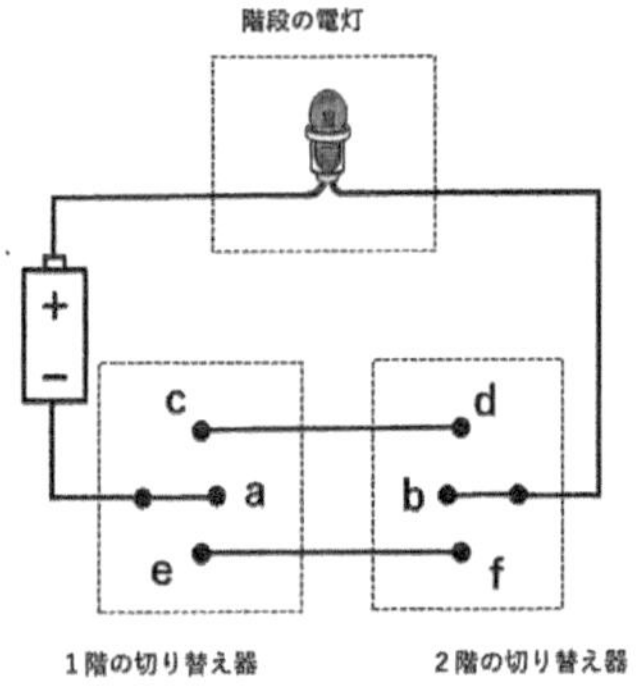


図で，１階の切り替え器のａとｃがつながり，２階の切り替え器の(　①　)がつながっているとき，電灯は消えている。
１階で(　②　)をつなぐと電灯は光り，２階に移動したとき(　③　)をつなげば電灯は消える。
その後，２階で(　④　)をつなげば再び電灯は光り，１階に移動したときに(　⑤　)をつなぐと電灯を消すことができる。

**2** ばねののびを利用して物体Mのおもさを測定するため，３本の軽いばねA，B，Cと１つ10gのおもりをたくさん用意した。
表１は，３本のばねのうち２本を選んで，片方に物体Mをもう片方におもりをつるし，ばねの長さが同じになるようにしたときの結果である。

| 表１ | 物体Mをつるしたばね | もう片方 |
|---|---|---|
| １回目 | ばねA | ばねCにおもりを４個 |
| ２回目 | ばねC | ばねBにおもりなし |
| ３回目 | ばねB | ばねAにおもりを５個 |

また表2は，3本のばねのうち2本を選んで，どちらのばねにもおもりをつるし，ばねの長さが同じになるようにしたときの結果である。

| 表2 | 片方のばねとおもりの個数 | もう片方のばねとおもりの個数 |
|---|---|---|
| 1回目 | ばねAにおもりを2個 | ばねBにおもりを1個 |
| 2回目 | ばねCにおもりを6個 | ばねBにおもりを2個 |
| 3回目 | ばねBにおもりを1個 | ばねCにおもりを4個 |

ただし，ばねAに何もつるしていないときの長さは14cmで，おもりを4個つるしたときの長さは22cmであった。これらの結果をもとに，各問いに答えなさい。

（1） 物体Mのおもさは何gですか。

（2） ばねBに何もつるしていないときの長さは何cmですか。

（3） ばねCにおもりを8個つるしたときの，ばねCののびは何cmですか。

3 硝酸《しょうさん》カリウムが水にとける量について考える。下の表は，水の量と温度を変えて，硝酸カリウムをとけるだけとかしたときの結果である。
空らんになっている所は，その条件で実験をしていないことを示している。この表をもとに，各問いに答えなさい。

| 水の量＼水の温度 | 20℃ | 40℃ | 60℃ | 80℃ | 100℃ |
|---|---|---|---|---|---|
| 50g | 15.8g | [A]g | 54.5g | 84.5g | |
| 100g | 31.6g | 63.9g | 109.0g | [B]g | 245.0g |
| 150g | | 95.9g | | 253.5g | 367.5g |

（1） 表の[A]，[B]にあてあまる数字を求めよ。ただし，割り切れない場合は，小数第二位を四捨五入して，小数第一位までの値で答えなさい。

（2） 60℃の水200gには，硝酸カリウムは何gまでとけると考えられますか。

（3） 20℃の水150gに，50gの硝酸カリウムは『すべてとける』，『とけのこる』のどちらですか。

（4） 100℃の水100gにとかせるだけ硝酸カリウムをとかしたあとに，水温をゆっくりと60℃まで冷やしたとき，とけきれなくなった硝酸カリウムは何gでてきますか。

（5） 40℃の水150gにとかせるだけ硝酸カリウムをとかしたあとに，水温を60℃まで上げた。この水よう液は，さらに何gの硝酸カリウムをとかすことができますか。

4 A～Dの気体を発生させる実験を行った。下の表は実験の記録である。
表中の①～⑫に適切な文章を各語群から選んで，記号で答えなさい。

| 実験 | 発生させたい気体 | 発生方法 | 集め方 | 気体を確かめる方法 |
|---|---|---|---|---|
| A | 水素 | ① | ⑤ | ⑨ |
| B | 酸素 | ② | ⑥ | ⑩ |
| C | 二酸化炭素 | ③ | ⑦ | ⑪ |
| D | アンモニア | ④ | ⑧ | ⑫ |

①～④の語群(ただし，１つずつ選んで答える)

A．うすい塩酸に重曹《じゅうそう》を加える

B．オキシドールに二酸化マンガンを加える

C．塩化アンモニウムと水酸化カルシウムという２つの粉末をまぜる

D．うすい水酸化ナトリウム水よう液にアルミニウム片を加える

E．うすい塩化銅水よう液を電気分解する

⑤～⑧の語群(ただし，同じ記号を何度使ってもよい)

F．上方置換《ちかん》法

G．水上置換法

H．下方置換法

⑨～⑫の語群(ただし，１つずつ選んで答える)

I．水でぬらした赤色リトマス紙を近づけて，青くなるか確認する

J．花びらを近づけて，色がぬけるか確認する

K．火のついたマッチを近づけて，ポンという音がなるか確認する

L．気体を集めた試験管に石灰水を入れ，軽くふって白くにごるか確かめる

M．火のついた線香を近づけて，はげしく燃えるかどうか確認する

5　ヒトのだ液のはたらきを調べるため，次の実験１と実験２を行った。

〔実験１〕

手順１．同量のデンプンのりを入れた６本の試験管A～Fを用意し，A，C，Eには少量のだ液を入れ，B，D，Fにはだ液と同量の水を入れた。その後，これらを図１のように0℃，40℃，80℃での水の中に10分間入れた。

手順２．A～Fの試験管からそれぞれとり出した少量の液に，ヨウ素液を２～３滴《てき》加えて色の変化を観察した。また，A～Fの試験管に残った液に，「糖」があるかないかの確認に使われる(色が変化する)ベネジクト液を加えて加熱し，色の変化を観察した。表１はその結果であり，色が変化した試験管を「○」，変化しなかった試験管を「×」で表している。

〔実験２〕

実験１で用いた試験管A，B，E，Fを水から引き上げ，すべて40℃の水の中に入れ，10分間放置した。その後，A，B，E，Fの試験管の液に，それぞれ実験１と同じくヨウ素液とベネジクト液を加えて，色の変化を観察した。表２はその結果であり，色が変化した試験管を「○」，変化しなかった試験管を「×」で表している。

図１

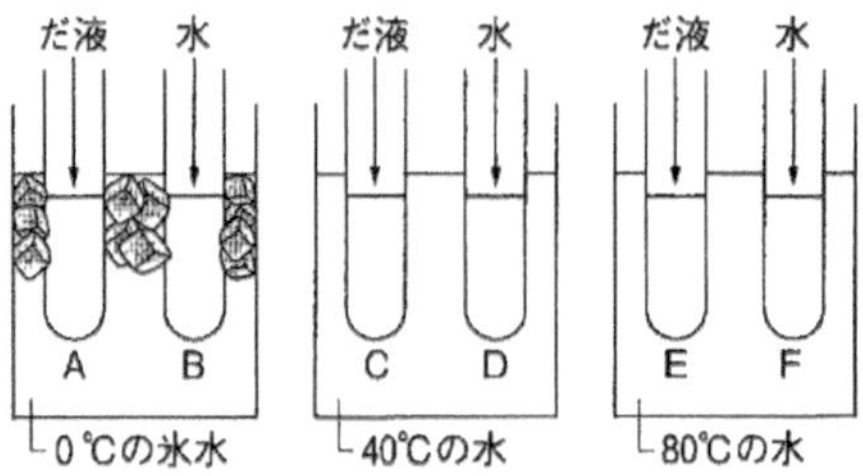


表１：〔実験１〕の結果

| 試験管 | A | B | C | D | E | F |
|---|---|---|---|---|---|---|
| ヨウ素液 | ○ | ○ | × | ○ | ○ | ○ |
| ベネジクト液＋加熱 | × | × | ○ | × | × | × |

表２：〔実験２〕の結果

| 試験管 | A | B | E | F |
|---|---|---|---|---|
| ヨウ素液 | × | ○ | ○ | ○ |
| ベネジクト液＋加熱 | ○ | × | × | × |

（1） ヨウ素液は，色が変化した場合(反応があった場合)何色に変化しますか。

（2） ヨウ素液は，何があるかないかを調べることができるか。物質名を答えなさい。

（3） 実験1の結果から「だ液のはたらき」についてわかることを，温度と物質の変化に着目して，40字以内で答えなさい。

（4） 実験2の結果から，「だ液のはたらき」についてわかることは何か。次のア～エから選び，記号で答えなさい。

ア．だ液のはたらきは，低温や高温から40℃にもどすと，そのはたらきももどる。

イ．だ液のはたらきは，低温や高温から40℃にもどしても，そのはたらきはもどらない。

ウ．だ液のはたらきは，いったん0℃にするとそのはたらきを失う。

エ．だ液のはたらきは，いったん80℃にするとそのはたらきを失う。

6 メダカを以下のようなことに注意しながら飼育した。ただし，水そうにはろ過装置は設置せず，水温計とエアポンプだけ設置した。

【注意したこと】

水そうは日光が直接当たらない明るいところに置く。

水は，〔 A 〕使う。

エサは，〔 B 〕あたえる。

たまごを産ませるために，オスとメスをいっしょに飼育する。

たまごを産みつけやすいために，水そうに〔 C 〕を用意する。

水そうの水の交換《こうかん》は，〔 D 〕。

（1） 【注意したこと】の〔 A 〕に当てはまる文章として正しいものを，下のア～エから1つ選び，記号で答えなさい。

ア．水道水をそのまま

イ．水道水を煮沸《しゃふつ》して熱いまま

ウ．水道水を1日くみ置いたものを

エ．水道水に塩素系の薬品を加えたものを

（2） 【注意したこと】の〔 B 〕に当てはまる文章として正しいものを，次のア～ウから選び，記号で答えなさい。

ア．少し食べ残しがでる量だけ

イ．年に1回だけ

ウ．食べ残さない量だけ

（3） 【注意したこと】の〔 C 〕にあてはまることばを答えなさい。

（4） 【注意したこと】の〔 D 〕に当てはまる文章として正しいものを，次のア～エから選び，記号で答えなさい。

ア．毎日，水そうのすべての水を交換する

イ．毎日，水そうの半分の量だけを交換する

ウ．水がよごれたら，水そうのすべての水を交換する

エ．水がよごれたら，水そうの半分の量だけを交換する

7 次の文章を読んで，各問いに答えなさい。

右のグラフは，河川の水の流れる速さと，堆積《たいせき》物のつぶの大きさの関係を表したものであり，横軸は堆積物のつぶの大きさ，たて軸は水の流れる速さを示している。

また，グラフの曲線①は，水の流れる速さをおそくしたとき，つぶが堆積し始めるときの水の速さを表しており，曲線②は，水の流れる速さをはやくしたとき，河川の川底に静止したつぶが動き始めるときの水の速さを表している。なお，地点A～Cは同じ河川のことなる場所を表している。

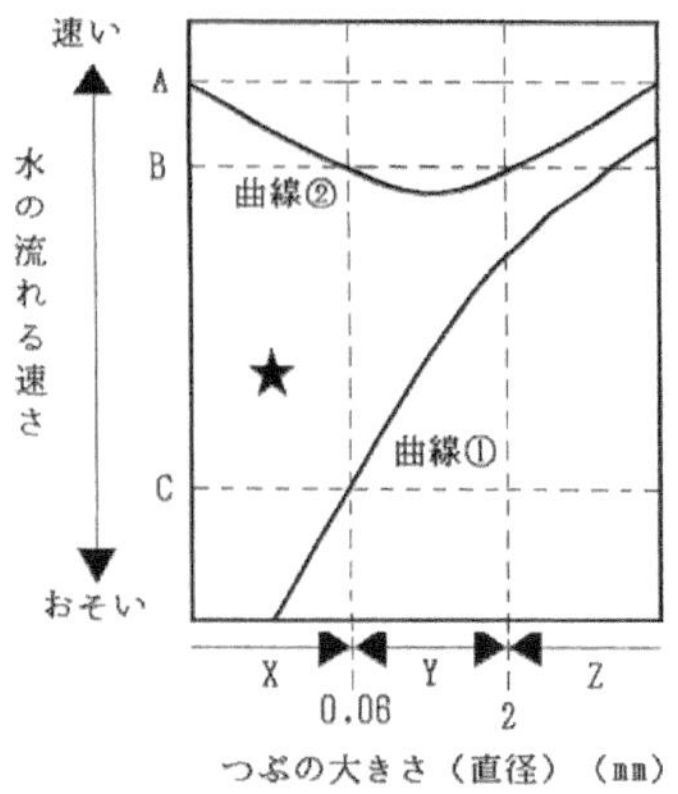


（1） 地点A～Cのうち，河口付近と考えられる場所はどこか。1つ選び，記号で答えなさい。

（2） 図のX～Zのうち，れきはどれか。1つ選び，記号で答えなさい。

（3） 水の流れる速さが同じとき，X～Zのうちもっとも堆積しにくいつぶはどれか。1つ選び，記号で答えなさい。

（4） 調査した日に，C地点で堆積せずに流され続けるつぶはどれか。下のア～カから1つ選び，記号で答えなさい。

ア．Xのみ　イ．Yのみ　ウ．Zのみ　エ．XとY

オ．XとZ　カ．YとZ

（5） 水底に静止していたつぶが流水によって動き始めるとき，最もおそい水の流れる速さで動き始めるつぶはどれか。下のア～カから1つ選び，記号で答えなさい。

ア．どろのみ　イ．砂のみ　ウ．れきのみ　エ．どろと砂

オ．どろとれき　カ．砂とれき

（6） 図の★印のつぶの大きさと水の速さのとき，この★印のつぶはどうなると考えられるか。下のア～ウから1つ選び，記号で答えなさい。

ア．堆積する　イ．流されるが川底は侵食《しんしょく》されない

ウ．流されるだけなく川底が侵食される

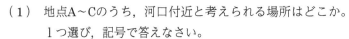

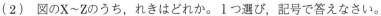

**【社　会】**（30分）〈満点：50点〉

**1**　問いに答えなさい。

図１

問１　図１の①の山は，世界最大級のカルデラをもつことで有名です。この山の名称を答えなさい。

問２　図１の②の大阪湾に注ぐ川の名称を答えなさい。また，この川の河口付近には，川の流れによって運ばれてきた土砂などが堆積《たいせき》することによって形成された地形が有名です。この地形を何というか答えなさい。

問３　図１の③の半島は，２００７年3月２５日にマグニチュード６．９の地震により大きな被害を受けました。この半島の名称を答えなさい。

問４　図１の④の湖は，オホーツク海に面している汽水湖で，日本で３番目に大きい湖です。この湖の名称を答えなさい。

問５　下の表１は，四大公害病をまとめたものです。空欄（１）～（４）に当てはまる被害地域を，図１の⑤～⑧から１つずつ選び記号で答えなさい。

表１

| | 水俣病 | 四日市ぜんそく | イタイイタイ病 | 新潟水俣病 |
|---|---|---|---|---|
| 被害地域 | （　１　） | （　２　） | （　３　） | （　４　） |
| 原因 | 水質汚濁 | 大気汚染 | 水質汚濁 | 水質汚濁 |

問６　次の表２は，北海道・秋田県・宮城県・新潟県の，面積・人口・人口密度・コメの収穫量を表したものです。この表を見て，①：宮城県と②：新潟県のデータとして正しいものを，表２中のア～エからそれぞれ１つずつ選び記号で答えなさい。

表2

| | 面積(km$^2$) | 人口(万人) | 人口密度(1km$^2$あたり 人) | コメの収穫量(t) |
|---|---|---|---|---|
| ア | 11638 | 94 | 81 | 456500 |
| イ | 7282 | 229 | 314 | 326500 |
| ウ | 12584 | 218 | 173 | 631000 |
| エ | 78421 | 518 | 66 | 553200 |

(日本のすがた２０２３より)

問7　次の表3は，うめ・みかん・もも・ぶどうの生産量の割合を表したものです。このうち，①：うめ と②：もも の生産量の割合を表したものを，表3中のア～エからそれぞれ1つずつ選び記号で答えなさい。

表3

| ア | |
|---|---|
| 県 | 割合(%) |
| 山梨 | 24.6 |
| 長野 | 17.4 |
| 岡山 | 9.1 |
| 山形 | 8.8 |
| 福岡 | 4.2 |
| その他 | 35.9 |

| イ | |
|---|---|
| 県 | 割合(%) |
| 和歌山 | 64.5 |
| 群馬 | 5.5 |
| 三重 | 1.5 |
| 神奈川 | 1.5 |
| その他 | 27 |

| ウ | |
|---|---|
| 県 | 割合(%) |
| 山梨 | 32.2 |
| 福島 | 22.6 |
| 長野 | 9.9 |
| 山形 | 8.3 |
| 和歌山 | 6.8 |
| その他 | 20.2 |

| エ | |
|---|---|
| 県 | 割合(%) |
| 和歌山 | 19.7 |
| 愛媛 | 17.1 |
| 静岡 | 13.3 |
| 熊本 | 12 |
| 長崎 | 6.9 |
| その他 | 31 |

(日本のすがた２０２３より)

問8　次の帯グラフは，日本における部門別の工業出荷額の割合の変化を表したものです。帯グラフ中の①に当てはまる部門として正しいものを，以下の語群から選び答えなさい。

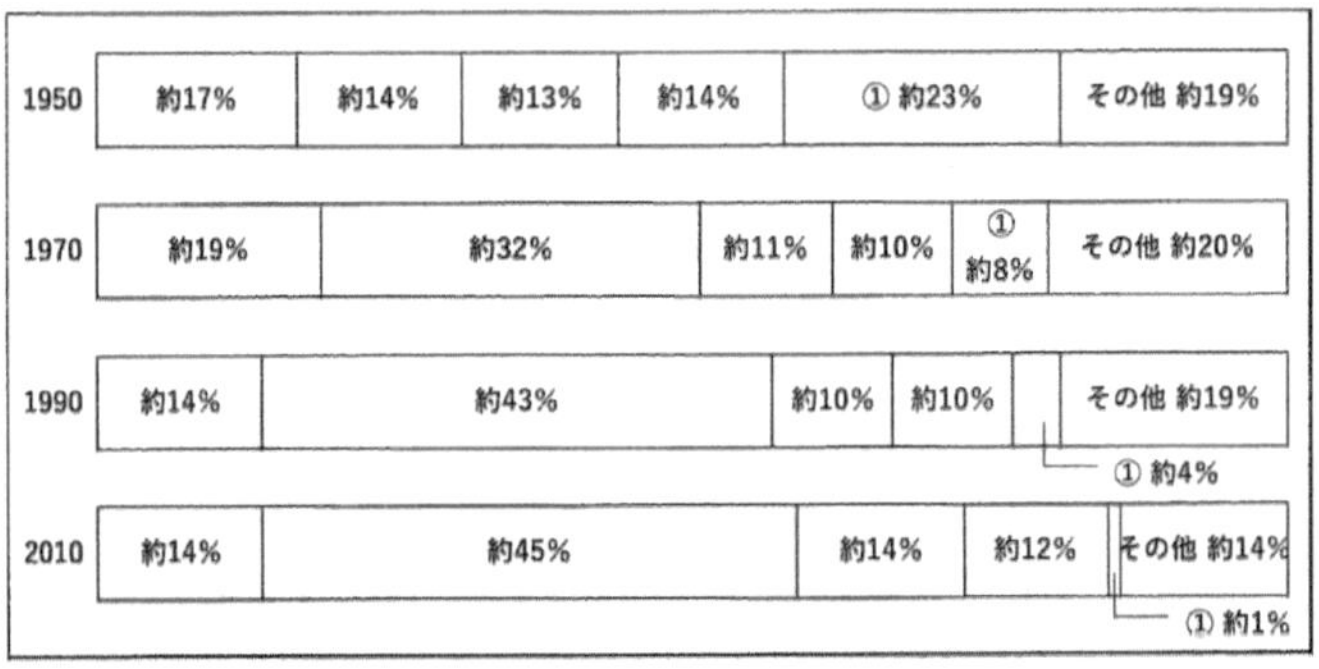


帯グラフ

(日本のすがた２０２３より)

| 繊　維　・　金　属　・　化　学　・　機　械 |
|---|

2　次の年表を用いて，下の各問いに答えなさい。

| 年代 | できごと |
| --- | --- |
| 約１万年前 | 旧石器時代が終わる……①（番号） |
| ５世紀ごろ | 渡来人がやってくる……② |
| ６０４年 | 憲法十七条が出される……③ |
| | ↕A……④ |
| １００１年ごろ | 清少納言が（　B　）を執筆する……⑤ |
| １１５６年 | 保元の乱がおこる……⑥ |
| １５６０年 | 桶狭間の戦いがおこる……⑦ |
| １６００年 | （　C　）が置かれる……⑧ |
| １８６９年 | （　D　）が行われる……⑨ |
| １９４１年 | 太平洋戦争がおこる……⑩ |
| ２０２４年 | アメリカで大統領選挙が行われる……⑪ |

問１　①について。旧石器時代のくらしが分かる石器や，ナウマンゾウの化石が出土している湖がある，長野県の遺跡群は何か答えなさい。

問２　②について。渡来人がもたらしたものとして**ふさわしくないもの**を次の(ア)～(エ)から１つ選び記号で答えなさい。

(ア) 火薬　(イ) 製鉄　(ウ) 養蚕　(エ) 機織り

問３　③について。憲法十七条には，「あつく，三宝をうやまいなさい」と記してあります。これは何という宗教の影響を受けたものですか。正しいものを次の(ア)～(エ)から１つ選び記号で答えなさい。

(ア) 儒教　(イ) 仏教　(ウ) キリスト教　(エ) イスラーム教

問４　④について。次の(ア)～(エ)はいずれも矢印Aの時期におこったできごとですが，年代順に並べたものではありません。これを年代順に正しく並べかえたとき，３番目になるものはどれですか。記号で答えなさい。

(ア) 壬申の乱がおこる　(イ) 空海が真言宗をひらく

(ウ) 大化の改新が行われる　(エ) 鑑真が来日し，平城京を訪れる

問５　⑤について。空らん（　B　）は清少納言によって執筆された随筆です。空らん（　B　）にあてはまる語句を**漢字**で答えなさい。

問６　⑥について。保元の乱の３年後に行われた戦いでは，平清盛が勝利し，勢力をのばすきっかけとなりました。この乱の名前を解答欄に合うように**漢字２文字**で答えなさい。

問７　⑦について。桶狭間の戦いで織田信長が破った武将は誰ですか。正しいものを次の(ア)～(エ)から１つ選び記号で答えなさい。

(ア) 武田信玄　　(イ) 毛利輝元　　(ウ) 伊達政宗　　(エ) 今川義元

問８　⑧について。空らん(　C　)は，朝廷，公家，西国の武士などを監視するために置かれた役職です。この役職は何ですか。正しいものを次の(ア) ～ (エ)から１つ選び記号で答えなさい。

(ア) 老中　　(イ) 六波羅探題　　(ウ) 京都所司代　　(エ) 侍所

問９　⑨について。空らん(　D　)は，大名が治めていた土地と人民を朝廷に返させた出来事です。これを何といいますか。**漢字４文字**で答えなさい。

問10　⑩について。太平洋戦争について述べた文として正しいものを次の(ア)～(エ)から１つ選び記号で答えなさい。

(ア) 日本は黄海海戦や日本海海戦で欧米列強と戦った

(イ) 戦後に，日本の植民地であった朝鮮では三・一独立運動がおこった

(ウ) １９４５年になると，東京大空襲や沖縄戦など戦闘は激しさを増した

(エ) 原子爆弾が新潟，次いで広島に落とされ，大きな被害をもたらした

問11　⑪について。このことについて述べた文として**間違っているもの**を次の(ア)～(エ)から１つ選び記号で答えなさい。

(ア) この選挙は，３年に１度行われる

(イ) この選挙は，選挙人を選出するかたちで行われる

(ウ) この選挙は，１８歳以上の国民により投票される

(エ) この選挙は，誰に投票したかを公開されることはない

か。「力」という語を使って三十字以内で書きなさい。

**問15** この文章の表現に関する説明として最も適当なものを次から選び、記号で答えなさい。

ア 「」を多用することで会話にリズムが生まれ、物語の展開をスムーズにしている。

イ 「濃密なみかん色」「青緑色の海」など色を使うことによって、情景をよりあざやかにしている。

ウ 清の視点で物語を進めていくことで、オトンの気持ちをより分かりやすくしている。

エ 清とオトンが島での楽しい思い出を振り返る場面で「……」を使用している。

ア　島に別れを告げるのは自分と清だけだが、思い出のつまったボンネットバスも一緒に連れて行ってあげたいと思っているから。

イ　自分と清だけではなく、六年間一緒に島を走ってきたボンネットバスにも島に別れを告げさせてあげたいと思っているから。

ウ　まだ十分に動くことのできるこのボンネットバスも、数のうちに入れてあげないとかわいそうだと思っているから。

エ　最後のドライブでは、ずっとがんばってきたボンネットバスに島を一周させてあげないとかわいそうだと思っているから。

**問11**　〰〰線**A**・**B**の「思い出」について説明しているものとして最も適当なものを次から選び、記号で答えなさい。

ア　清は今の生活を「思い出」として過去のものにしたくないと思っているのに対し、オトンは「思い出」は次第《しだい》に失われていくものだと思っている。

イ　清はどんな「思い出」も時とともにうすれていくと思っているのに対し、オトンは「思い出」は変化せず心の中にあり続けると思っている。

ウ　清もオトンも「思い出」をなによりも大事にしているが、二人とも「思い出」が時間とともに風化するのは仕方がないと思っている。

エ　清もオトンも「思い出」はどうしてもうすれていくものだから、たくさんの新しい「思い出」を作っていくことが必要であると思っている。

**問12**　文中での島の地名の位置関係図として最も適当なものを次から選び、記号で答えなさい。ただし、図の上を北とします。

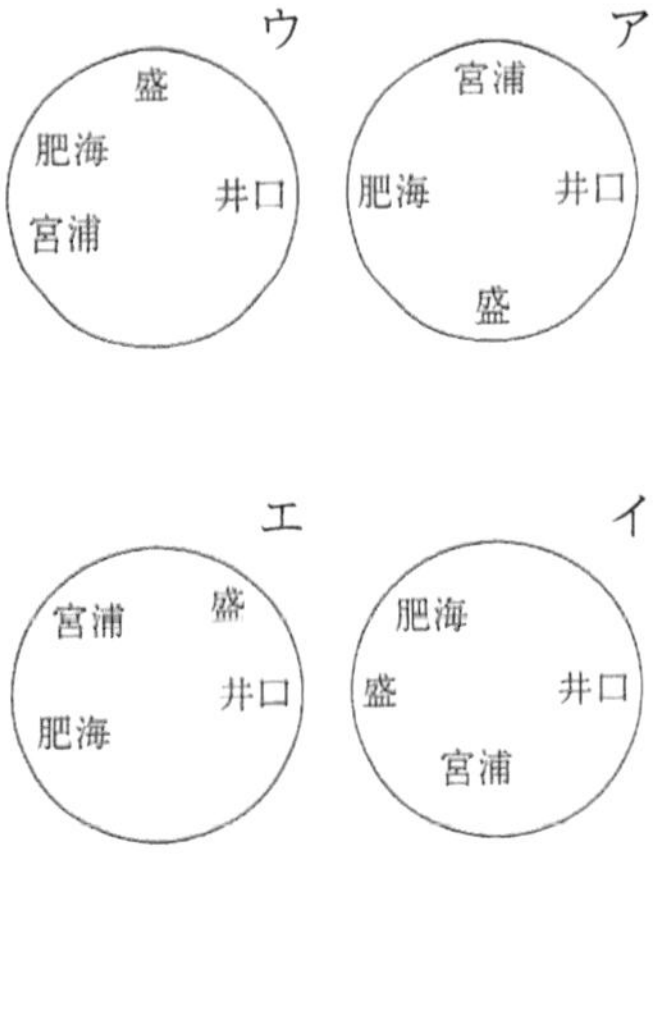


**問13**　——線⑦「オトンもやっぱり感傷的になっているみたいだ」とありますが、この様子の説明として最も適当なものを次から選び、記号で答えなさい。

ア　島で過ごした六年間のなかで最も美しい海を目の前にして心が動かされている。

イ　真珠がたくさん獲れる島だとを清に伝えることができてうれしく思っている。

ウ　こんなにきれいな海は二度と見ることができないのではないかと不安に思っている。

エ　これから別れなければならない島の美しさをあらためて感じ、さみしく思っている。

**問14**　——線⑧「ポケットのなかのビー玉が、凛、と光ったような気がした」とありますが、ここから分かるのはどのようなことです

ア　ざっと　イ　さらっと　ウ　くっきりと
エ　ぎゅっと　オ　せっせと

**問2**　文中からは、本来入っているべき次の文が省略されています。この文が入る最も適当な部分を探し、その直前の五字をぬき出しなさい。

**「生口島のふもとに畑が見えるじゃろ。あそこじゃレモンを作っちょるらしいのう」**

**問3**　═線Ⅰ「バスは、いつもとおなじように笑ったネコみたいな顔をして、じっとしていた」に使われている表現技法を次から一つ選び、記号で答えなさい。

ア　反復法　イ　擬人《ぎじん》法　ウ　対句《ついく》法
エ　倒置法　オ　体言止め

**問4**　═線Ⅱ「清々しい」の文中での意味として最も適当なものを次から選び、記号で答えなさい。

ア　さわやかで気持ちがよい
イ　すずしくて過ごしやすい
ウ　迷いがなく気持ちがよい
エ　けがれていなくて気高い

**問5**　——線①「僕は島のだれよりも早起きをし」とありますが、なぜですか。その理由として最も適当なものを次から選び、記号で答えなさい。

ア　感謝の気持ちをこめてバスをきれいに磨くことでオトンを喜ばせたいから。
イ　最後のドライブをする前に自分だけでバスを磨くことでオトンを驚《おどろ》かせたいから。
ウ　一人で先にバスを磨くことで、出勤前の負担を減らしオトンを喜ばせたいから。
エ　今まで磨いたことのなかったバスを、一人で磨くことでオトンを驚かせたいから。

**問6**　——線②「温かいもの」とは具体的には何ですか。一語で答えなさい。

**問7**　——線③「清、ちょっと車庫までこい」とありますが、このように言ったのはなぜですか。最も適当なものを次から選び、記号で答えなさい。

ア　清と一緒《いっしょ》に新しいバスに乗って島を回るため。
イ　清と一緒に新しいバスの入れかえを見届けるため。
ウ　清と一緒に慣れ親しんだバスや島に別れを告げるため。
エ　清と一緒に慣れ親しんだバスの古さを確認《かくにん》するため。

**問8**　——線④「なんだか家を追い出されてしまった年老いたネコみたいだった」とありますが、これと同様にバスが古びていることが分かる一文を文中から探し、最初の五字をぬき出しなさい。

**問9**　——線⑤「僕はバスに乗り込んだ」とありますが、清が座ったのはバスのどこですか。文中から二十五字以内でぬき出しなさい。

**問10**　——線⑥「わしと、清と、このバスの三人じゃ」とオトンが清の言葉を言い直したのはなぜですか。最も適当なものを次から選び、記号で答えなさい。

た。ギアを入れ、クラッチをつなぐ。貸し切りバスは、ブルブルと胴体《どうたい》をふるわせながら、ゆっくりと走りだした。

宮浦《みやうら》を出発したバスは、わずかな田園地帯を抜けて、大山祇《おおやまつみ》神社の前の通りをのぼっていった。Ⅱ清々しい森の空気が窓から入り込んでくる。

山を越《こ》えて島の反対側に出ると、オトンはハンドルを左に切って、海沿いを反時計回りに走りだした。

最初に通った井口港《いのくちこう》にはフェリー乗り場があって、数台の車が列をなしていた。青緑色の海の向こうには、おとなりの生口島《いくちじま》や広島県の山並みが見えた。夏空に、濃《こ》い緑色がまぶしく映える。

行く先々でそんな風にオトンがガイドをしてくれるから、六年間住んだこの島も新鮮《しんせん》に見えてくる。

少し北上して盛《さかり》という集落を過ぎると、遠浅《とおあさ》の砂浜《すなはま》が広がって、海の色がきれいな淡い水色に変わった。

「この浜じゃ、大きなアサリがようけ獲《と》れる。清が一年生のころに潮《しお》干《ひ》狩《が》りにきたの、覚えちょるか？」

僕が「なんとなくの……」と答えたら、オトンは「B思い出ちゅうもんは、時間とともに風化するもんじゃの」といって笑った。今日のドライブも、いつかは風化して輪郭《りんかく》をなくし、なかったことになってしまうのだろうか。

島の北端《ほくたん》を越えて西岸を南下するルートは、ちょっとした山道だった。藪《やぶ》のなかから突如《とつじょ》としてキジが飛び出してきて、砂利《じゃり》の道路を横断していった。やがて九十九《つづら》折りの山道を下り、肥海《ひがい》という集落に着くと、海には四角い筏《いかだ》がたくさん浮かんでいた。

「オトン、あれは真珠《しんじゅ》の筏かの？」

「牡蠣《かき》の養殖筏《ようしょくいかだ》じゃ。この島の海はおだやかでプランクトンも多いけん、牡蠣がよう育つ。優しくて、いい海じゃのう」

最後の「いい海じゃのう」は、ひとりごとをいうみたいな響《ひび》きだった。⑦オトンもやっぱり感傷的になっているみたいだ。

やがてバスは最初の宮浦へと戻《もど》ってきた。

「今度は、このまま南回りじゃ」

オトンはなじみ深い地元の海に沿って、バスを南へと走らせた。バスの座席の目線から見下ろす海は、いつもよりひとまわり広々として見えた。沖合《おきあい》には大横島《おおよこしま》が輪郭《りんかく》を[3]際立たせて、青い海の上に音もなく浮かんでいた。

「清にやったビー玉、この海岸で拾ったんじゃ」

「うん……」

僕はポケットに手を入れた。そして眼前に広がる海と同じ色をしたガラス玉の感触《かんしょく》を確かめた。ちょっと冷たくて心地よかった。と、その*刹那《せつな》、⑧ポケットのなかのビー玉が、凛《りん》、と光ったような気がした。

（森沢明夫『海を抱《だ》いたビー玉』より）

*ボンネットバス……エンジン部分が前につき出ている古い型のバス。
*リアウインドウ……自動車の後方の窓。
*フロントウインドウ……自動車の前方の窓。
*刹那……ちょっとの間。瞬間。

**問1** [1]～[3]に入る適当な言葉を次から選び、それぞれ記号で答えなさい。ただし、同じ記号は一度しか使えません。

僕はハンドルを[2]にぎって、明るくなる空を見つめていた。みかん色の朝日が顔にあたって、少し温かかった。

「これまで、ずっと、ありがとのう……」

と、ひとりごとをいった瞬間《しゅんかん》、こらえていたものがどっとあふれ出した。僕はハンドルをにぎって前を見たまま、声をあげて泣いていた。このバスが大好きだった。このバスを運転するオトンが大好きだった。このバスが走る島も、島に住む人たちも、学校も、風も、海も、みかん畑も、そして友達もみんな好きだった。

「ぜんぶ、A思い出に、するの、嫌《いや》じゃ……」

しゃくりあげながら、切れ切れにいった。

ミシッ……。

ふいに床板《ゆかいた》が軋《きし》むような音がした。気になって後ろを振り返ろうとしたとき、フロントガラスの向こうに、朝日を背にした人影《ひとかげ》が目に入った。

バケツを手にしたオトンだった。

その姿を見たら、僕はまた泣いてしまった。

オトンとふたりで仕上げ磨きをしたあと、僕らは家に帰って朝飯を食べた。

満腹になり、眠《ねむ》くなってしまった僕は、布団《ふとん》に入って少し仮眠《かみん》をとることにした。オトンはそのまま最後の出勤に出かけていった。

さっき――、運転席に座って泣いている僕のところにやってきたオトンは、「おまえっちゅう奴《やつ》は……」とだけいって、僕の坊主頭《ぼうずあたま》をぐりぐりとなで続けた。なでながら、何度も上を向いて深呼吸をしているオトンを見て、僕は思った。オトンも泣くのをこらえている……いちばん泣きたいのは、オトンかも知れない。

昼過ぎ、珍《めずら》しくオトンが会社から電話をかけてきた。受話器の向こうでオトンは「③清、ちょっと車庫までこい」といった。

僕は野球帽《ぼう》をかぶり、今朝と同じルートで自転車を走らせた。

車庫に着くと、いつもの場所に新型車両が入っていた。それはボンネットのない、箱形のバスだった。納車直後だけに、鏡のようにピカピカに光っていた。

オトンのバスは……車庫の前に停《と》めてあった。④なんだか家を追い出されてしまった年老いたネコみたいだった。あと半年ほどで、僕もこのバスと同じように、慣れ親しんだ家から出るのだ。そう考えたら胸の奥《おく》の方が少し重たくなった。

運転席を見るとオトンがこっちを見て笑いながら手招きをしていた。方向幕は『貸切《かしきり》』になっている。

気を取り直して、⑤僕はバスに乗り込んだ。

「よっしゃ、清、好きな席に座れ。これから最後のドライブじゃ。島をぐるっとまわるけんの」

オトンはそういって、いつもの制帽《せいぼう》を深々とかぶった。

「ドライブっちゅうても、ふたりだけでか？」

「⑥わしと、清と、このバスの三人じゃ。夕方までに返せばええことになっちょるけ、それまではのんびり走れるけん」

僕は、オトンの運転する姿がよく見える、いちばん前の席に座った。「ほな、出発じゃ」と威勢《いせい》よくいって、オトンはエンジンをかけ

対局の解説に重きが置かれるようになる。

## 三

次の文章を読んで、後の問に答えなさい。なお、句読点・記号は字数に数えます。

小学六年生の清（僕《ぼく》）は、一年生のときに愛媛《えひめ》県の今治《いまばり》から瀬《せ》戸内《とうち》に浮《う》かぶ大三島《おおみしま》に引《ひ》っ越《こ》してきた。ある日、清はバスの運転手である父（オトン）から、長く運転してきた＊ボンネットバスの引退を機に運転手の仕事を辞め、今治にある実家の靴屋《くつや》を継《つ》ぐと聞かされる。オトンはひと足先に今治へ戻るが、清は小学校卒業を待って引っ越すことになっている。うつむく清にオトンはお守りとして「つらいときに勇気をくれる不思議なビー玉」を渡《わた》すが、清はビー玉の力を信じられずにいた。

オトンのバスとの、別れの日。

その日、①僕は島のだれよりも早起きをし、ビーチサンダルをつっかけて自転車にまたがり、暗いうちに車庫へと向かった。商店街を抜《ぬ》けて海沿いの道に出ると、夜空が頭上に広がった。ぺったりと凪《な》いだ黒い海に、星のまたたきが映り込《こ》みそうだった。

車庫に着いたら、僕はまず天井《てんじょう》にぶら下がっている電球をつけた。

Ⅰバスは、いつもとおなじように笑ったネコみたいな顔をして、じっとしていた。

「今日で、お別れじゃけんの……」

つぶやいて僕は、車庫の裏手にある倉庫からバケツと雑巾《ぞうきん》と脚立《きゃたつ》を持ってきた。そして、［ 1 ］バスを磨《みが》きはじめた。六年間、オトンと何度も一緒《いっしょ》にやったから、手順はしっかり頭に入っていた。

僕は、できるだけ丁寧《ていねい》に磨いた。

バスのボディをこすればこするほど、僕のなかから②温かいものがこみあげてきて困った。それがあふれ出しそうになるたびに、僕は手を止め、深呼吸をして、なんとかこらえることに成功していた。

外側をふき終えたとき、僕はもう汗《あせ》だくになっていた。着ていたランニングシャツを脱《ぬ》いで、自転車のハンドルにひっかけた。次は内装だ。吊《つ》り革《かわ》のひとつひとつ、窓ガラス、メーター類のはまったパネル、天井……。何度もバケツで雑巾を水洗いして、丹念《たんねん》に磨いていった。

特等席だった最後部のベンチシートにのって、＊リアウインドウをふいているとき――僕の背中にみかん色の淡《あわ》い光があたるのを感じた。振《ふ》り返ると、＊フロントウインドウの向こうの空が、じわじわと明るくなりはじめているのだった。

車内はやわらかな光であふれ、とりわけオトンの運転席は、その逆光を反射して、夢のようにキラキラと輝《かがや》いていた。

僕はリアウインドウの残りをふいて、最後に残しておいた運転席に座《すわ》った。長年オトンが座っていたシートは、スプリングがへたって、真ん中が少し凹《へこ》んでいた。昔はよく、オトンの膝《ひざ》の上に座ってこのハンドルをにぎったっけ……。

窓の向こうの空が一段と明るくなり、見渡《みわた》す風景は濃密《のうみつ》なみかん色に染まっていく。

「島のみかん畑のなかを走るのも、今日が最後なんじゃの……」

**問7** ——線②「こうした人々」について、具体的に説明した部分を文中から二十五字以内で探し、最初と最後の三字をぬき出しなさい。

**問8** X の段落の役割として、最も適当なものを次から選び、記号で答えなさい。

ア　新たな話題をあげ、これまでとは異なる主張を展開している。

イ　これから起こりうる心配な事例をあげ、新たな問題を提起している。

ウ　これまでの主張と対立する考え方をあげ、一般《いっぱん》的な見方を否定している。

エ　読者が身近に感じられるような例をあげ、ここまでの説明を補足している。

**問9** ——線③「AIのように局面を見ている」とありますが、どういうことですか。最も適当なものを次から選び、記号で答えなさい。

ア　守りを堅固《けんご》にして犠牲《ぎせい》を減らし、相手の攻めに備えること。

イ　勝敗は気にせず、積極的に犠牲を出して相手を攻めること。

ウ　多少の犠牲があったとしても勝つためには攻めを重視すること。

エ　その時々で最善の手を考え、犠牲を出さないようにすること。

**問10** ——線④「最先端《さいせんたん》のAIをいかにうまく使いこなせるか」とありますが、将棋において「AIをうまく使いこなす」とはどういうことですか。「恐怖心」という言葉を用いて、三十字前後で答えなさい。

**問11** AIができることとして適当でないものを次から一つ選び、記号で答えなさい。

ア　その人が買い物をした記録を参考に、おすすめの商品を提案すること。

イ　人間の具体的な指示なしで、自由に新しい芸術作品を作り出すこと。

ウ　複数の候補の中から、目的地まで効率的に到着《とうちゃく》する方法を導き出すこと。

エ　蓄積《ちくせき》された例文をもとにして、ある言語を違《ちが》う言語に翻訳《ほんやく》すること。

**問12** 本文の内容に合うものを次から二つ選び、記号で答えなさい。

ア　将棋の世界では、AIは人間の棋士よりも圧倒的に強いため、対局をしても人間にとっては全く意味がない。

イ　将棋の世界では、「肉を切らせて骨を断つ」姿勢で王将に迫《せま》る作戦が、最も良い作戦だと考えられている。

ウ　AIは人間が作ったものではあるが、人間には理解しきれない点もあり、それを不気味に感じる人もいる。

エ　AIと人間とでは得意なことが正反対なため、お互いに苦手なことを補いあって新しいことに挑戦《ちょうせん》していくべきだ。

オ　藤井聡太は才能に恵まれた棋士であるだけでなく、新しいものを練習に取り入れたことによって実力を伸ばした。

カ　これからのプロ棋士の仕事は、タイトルを争うよりもAIの

そして藤井はこれらの戦法を身につけようとし、歴史的快挙を成し遂《と》げたのです。これはいわば、AIと人間が共進化して生み出した高い創造性と言えるでしょう。［2］、藤井の指し手は、AIとの一致《いっち》率が高いと指摘《してき》されています。【D】

彼のような存在、AIを恐《おそ》れることなく共進化しようとする人間を、AIを受け入れる抵抗《ていこう》感の少なさから、私は「AIネイティブ」と呼んでいます。今では、小学生で将棋ソフトを使いこなして戦っている人もいると聞きます。さらにはあらゆる仕事におけるAIと人間の共存は、④最先端《さいせんたん》のAIをいかにうまく使いこなせるかにかかっていると言っても過言ではないはずです。

（松原仁『AIに心は宿るのか』より）

＊研鑽……学問などを深く研究すること。
＊アルゴリズム……コンピューターのプログラムに適用可能な手続きや手段。
＊千田翔太や勝又清和……いずれも将棋棋士。
＊評価値……囲碁や将棋で、AIによる形勢判断が数値で表されたもの。
＊凌駕……他のものを超えて上に立つこと。
＊藤井聡太、羽生善治……いずれも将棋棋士。
＊詰将棋……王将の詰め手を研究する将棋。
＊棋風……将棋のしかたに現れる、その人の個性。
＊棋譜……将棋などの対局の記録。
＊精緻……非常に細かい点にまで注意が行き届いていること。

**問1**　═線Ⅰ「賛否」と同じ構成になっている熟語を次から一つ選び、記号で答えなさい。

ア　直線　　イ　開花　　ウ　満足　　エ　終始

**問2**　═線Ⅱ「理にかなっている」の意味として最も適当なものを次から選び、記号で答えなさい。

ア　どうしてもそうしてしまうこと。
イ　物事の筋道にあてはまること。
ウ　多くの人のためになること。
エ　誰が見ても分かりやすいこと。

**問3**　═線Ⅲ「□類」の□に漢字一字を入れて、適当な言葉を完成させなさい。

**問4**　［1］・［2］に入る適当な言葉を次から選び、それぞれ記号で答えなさい。ただし、同じ記号は一度しか使えません。

ア　なぜなら　　イ　または　　ウ　ちなみに　　エ　つまり

**問5**　文中からは本来入っているべき次の段落が省略されています。この段落が入る最も適当な部分を【A】～【D】から選び、記号で答えなさい。

> **しかしAIは人間のような恐怖心を持っていないため、王将を守ることなく、チャンスがあれば敵将を討ちにいこうと考えます。これが人間の棋士には「踏み込みの鋭さ」として感じられます。**

**問6**　——線①「『将棋AIがやっていることを将棋ファンに説明する』という仕事が生まれています」とありますが、それはAIがどのような特徴《とくちょう》を持っているからですか。「から」に続く形で、文中から三十字以内でぬき出しなさい。

るとも言えるでしょう。

将棋ＡＩによって新しい強さを身につけようとする棋士は、いち早く将棋ＡＩへの恐怖心《きょうふ》を捨て、自らを高める道具として活用しています。

[X]人間とは不思議なもので、自らの力量を圧倒的《あっとう》に*凌駕《りょうが》されてしまうと、急に「便利な道具だ」と感じるようになるものなのです。たとえば漢字変換《へんかん》では、ほぼすべての日本人がスマートフォンに負けます。「鬱《うつ》」という漢字は手で書くのは大変難しいけれど、スマートフォンなら誰《だれ》でも普通《ふつう》に使います。「うつ」で変換すると「鬱」と漢字にしてくれる。日常生活で鬱を漢字変換するたび「ぼ……僕《ぼく》は書けないのに！　スマートフォンすごいな」なんて憂鬱《ゆううつ》になっていたら、ちょっとその人は心配ですよね。一般《いっぱん》的には「便利だ」としか思わないものです。

将棋ＡＩを味方につけ、大きな栄光を手にした最たる例が、*藤井《ふじい》聡太《そうた》です。結果的に藤井は二九連勝し、歴代連勝記録の単独トップに立ったことを、*羽生善治《はぶよしはる》も「歴史的快挙」と評しました。

たしかに藤井は傑出《けっしゅつ》した才能に恵《めぐ》まれた棋士です。五歳《さい》ほどで四八〇ページある将棋の教科書をマスターし、小学生のころは*詰《つめ》将棋でⅢ［　　］類の強さを誇《ほこ》っていたとされています。そしてその才能を絶えず磨《みが》き、一四歳二カ月で史上最年少のプロ棋士としてデビューしました。

しかし彼《かれ》の強さのもうひとつの側面には、彼が将棋ＡＩを駆使《くし》して練習を積んできたという、先取の才覚もあるのかもしれません。藤井は将棋ＡＩの評価値を見ながら将棋の研究を重ねることで、ＡＩがなくても評価値を判断できるようにする学習をしてきたと聞きます。つまり彼は③ＡＩのように局面を見ている人間の棋士なのです。

藤井の鍛錬は、そのまま彼の*棋風《きふう》に表れていると言えるでしょう。藤井を評す多くの人が、彼の強さに「隙《すき》のなさ」「踏《ふ》み込《こ》みの鋭《するど》さ」をあげています。これらは将棋ＡＩと対局した多くの棋士が持つ感想「肉を切らせて骨を断つ」に通ずるものがあります。【　Ａ　】

将棋というものは、お互《たが》いの大将である「王将」を取り合うゲームです。将棋にはさまざまな戦法がありますが、それらには人間らしい心理が反映されています。

王将を取られては負けてしまいます。その恐怖心から、人間はまず、王将をしっかりと守ることを優先します。そのため将棋には「美濃《みの》囲い」「穴熊《あなぐま》囲い」「矢倉囲い」といった、守備のための陣形《じんけい》「囲い」という確立された戦法があります。これらで王将を守ってから、敵将を討ちにいく、というのが人間の基本的な心理であり戦法になります。【　Ｂ　】

それに加え、膨大《ぼうだい》な量の*棋譜《きふ》を学習している将棋ＡＩは、局面におけるすべての駒《こま》の〝間合い〟を深く*精緻《せいち》に把握《はあく》しています。［1］、どのような攻撃《こうげき》がどの程度のダメージになるかが非常に高い精度で分かっているわけです。であれば、相手に致命傷《ちめいしょう》を与えるためには、多少の傷を負うことを厭《いと》わないという戦法もとることができます。これが人間の棋士には「隙のなさ」や「肉を切らせて骨を断つ」戦い方に感じられるわけです。【　Ｃ　】

**【国　語】**（五〇分）〈満点：一〇〇点〉

**一**　次の各問に答えなさい。

**問1**　次の――線のカタカナを漢字に直しなさい。

① 整列してテンコする。
② 書類にショメイをする。
③ 事故のニュースはゴホウだった。
④ 学問をオサめる。
⑤ 社会生活をイトナむ。

**問2**　次の語の対義語を答えなさい。

① 生産
② 禁止

**問3**　次の四字熟語の意味として適当なものを次から選び、それぞれ記号で答えなさい。

① 我田引水
② 厚顔無恥

ア　自分に都合のいいようにはからうこと。
イ　誰に対してもいい顔をすること。
ウ　人や物事の訪れを心待ちにすること。
エ　ずうずうしくてあつかましいこと。

**二**　次の文章を読んで、後の問に答えなさい。なお、句読点・記号は字数に数えます。

プロ棋士《きし》の大きな仕事は、自ら*研鑽《けんさん》を積み、「竜王戦《りゅうおうせん》」「名人戦」「王位戦」「王座戦」「棋王戦」「王将戦」「棋聖《きせい》戦」「叡王《えいおう》戦」という将棋《しょうぎ》における「八大タイトル」で争うことです。これに加えて今、①「将棋AIがやっていることを将棋ファンに説明する」という仕事が生まれています。この仕事は、これからのプロ棋士に求められる素養のひとつになると思います。

AIの機械学習のための*アルゴリズムは人間がつくって与《あた》えたものなのですが、AIが答えを出したとしても、どのようにしてその答えに行き着いたのかという*プロセスは今のところ人間には理解できません。AIは、最適解は出せるものの理由が説明できないという欠点を持っているのです。だから人間の目には、AIの思考プロセスが「得体の知れない方法」に映り、それこそが脅威《きょうい》だとみなされる一因になっています。

将棋界では、かなり前から将棋AIの大会に*千田翔太《ちだしょうた》や勝又清和《かつまたきよかず》が訪れ、解説を担当しています。②こうした人々の能力は昨今、大変上達して、AIの思惑《おもわく》を言い当てる場面すらも増えてきました。

同じようなことは、いずれ将棋や囲碁《いご》の世界以外でも起こってくるでしょう。社会に進出するにつれ、AIはさまざまな分野で人間を超《こ》えていく。その時、AIの出した答えを分かりやすく人々に伝える専門家がどの分野でも必要になっていくはずです。

そして将棋界《かい》では、将棋AIを道具として活用していく動きも生まれています。将棋AIの*評価値を練習に活用する棋士が増えているのです。評価値にはⅠ賛否両論ありますが、人間の棋士よりも強いと考えられる将棋AIの評価を鍛錬《たんれん》に活用することはⅡ理にかなってい

# 2024年度

# 解　答　と　解　説

《2024年度の配点は解答欄に掲載してあります。》

## ＜算数解答＞

1　(1)　212　(2)　$\frac{3}{11}$　(3)　$\frac{37}{10}$　(4)　6.72　(5)　24

2　(1)　時速54km　(2)　167cm　(3)　900円　(4)　144.44cm$^2$　(5)　338cm$^2$

3　(1)　6.2点　(2)　35%　(3)　50%

4　(1)　1：1　(2)　1.36倍

5　(1)　24通り　(2)　7777

6　(1)　分速150m　(2)　分速60m　(3)　208分後

○推定配点○

各5点×20　　計100点

## ＜算数解説＞

基本 1　(四則計算)

(1)　$300-121\div\left(2-\frac{5}{8}\right)=300-121\times\frac{8}{11}=300-88=212$

(2)　$\frac{3}{4}\times\frac{28}{33}-\frac{7}{8}\times\frac{32}{77}=\frac{7}{11}-\frac{4}{11}=\frac{3}{11}$

(3)　$6\times\left(\frac{12}{10}-\frac{2}{3}\right)+\left(\frac{5}{16}-\frac{1}{4}\right)\times8=6\times\frac{8}{15}+\frac{1}{16}\times8=\frac{16}{5}+\frac{1}{2}=\frac{37}{10}$

(4)　$0.56\times0.4+0.56\times6\times\frac{4}{3}+0.56\times4\times0.9=0.56\times0.4+0.56\times8+0.56\times3.6=0.56\times12=6.72$

(5)　$(16+3\times\square)\div4=22$　$16+3\times\square=88$　$3\times\square=72$　$\square=24$

2　(速さ，平均算，売買損益，立体図形・表面積，平面図形)

基本　(1)　2分7秒＝127秒間で自動車は1900＋5＝1905m進むので，秒速1905÷127＝15m　したがって，時速15×60×60＝54000m＝54(km)

基本　(2)　3人の平均身長が156cmより，3人の身長の合計は156×3＝468cm　Cさんの身長が159cmなので，AさんとBさんの身長の合計は468－159＝309cm　Aさんの身長はBさんよりも25cm高いので，Aさんの身長は(309＋25)÷2＝167(cm)

基本　(3)　定価の20%引きが8400円なので，定価は8400÷(1－0.2)＝10500円　4割の利益を見込んで定価をつけたので，仕入れ値は10500÷(1＋0.4)＝7500円　したがって，利益は8400－7500＝900(円)

重要　(4)　1回転させてできる立体は次ページの図の通り，3つの立体を重ね合わせた形になる。3つの立体の外側の側面の表面積の合計は4×3.14×2＋6×3.14×1＋6×3.14×1＝20×3.14　3つの立体の内側の側面の表面積は4×3.14×1＋2×3.14×1＋2×3.14×1＝8×3.14　できる立体の上部分および下部分の表面積は，それぞれ半径3cmの円(次ページ図斜線部)なので，合計の面積は9×3.14×2＝18×3.14　したがって，求める表面積は20×3.14＋8×3.14＋18×3.14＝46×

3.14＝144.44(cm²)

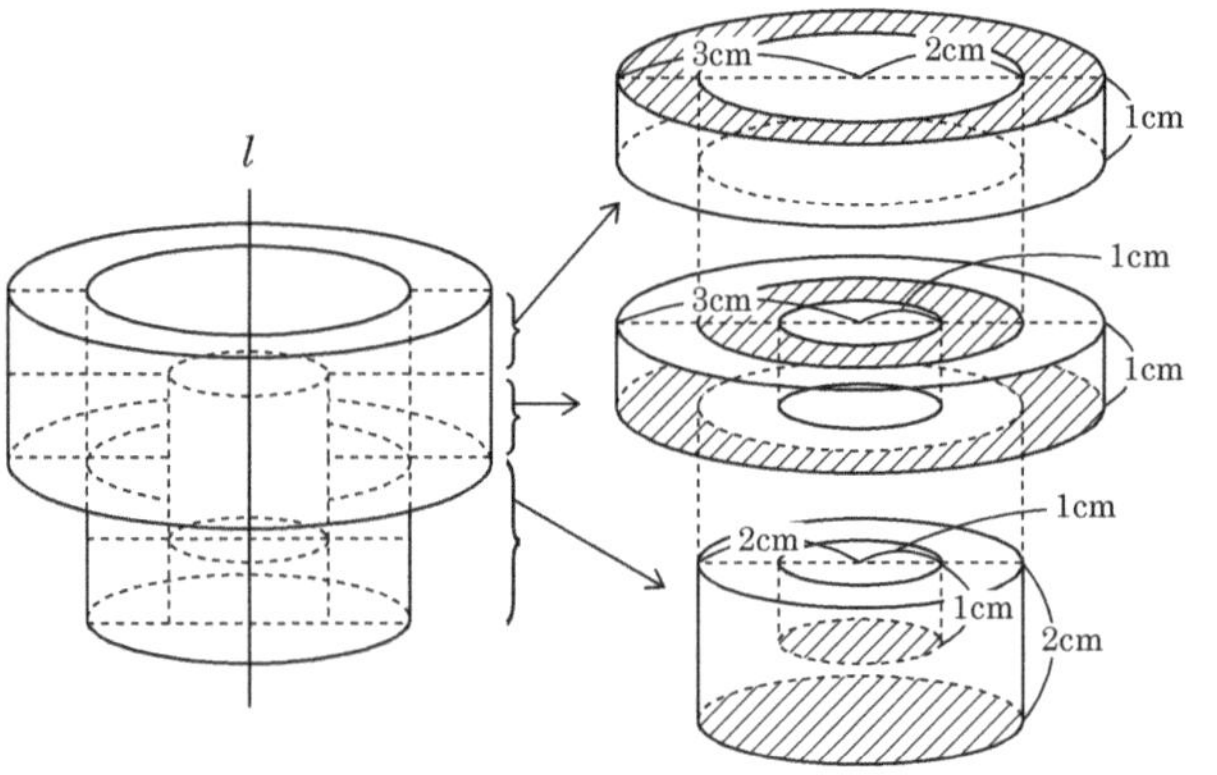


重要 (5) 右図の通り色のついた部分を移動させると，太線に囲まれた三角形になり，合計の面積は正方形の面積の半分に等しいので，面積は26×26÷2＝338(cm²)

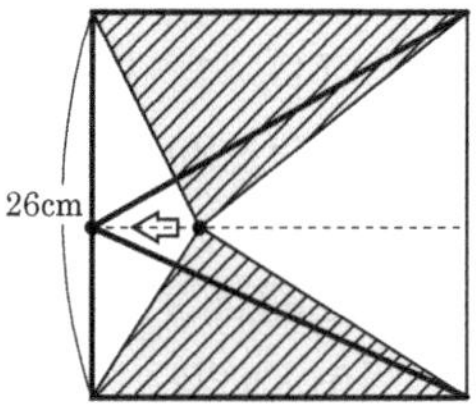


3 (統計)

基本 (1) 国語の点数は2点が4人，4点が8人，6点が13人，8点が10人，10点が5人なので，平均点は(2×4＋4×8＋6×13＋8×10＋10×5)÷40＝6.2(点)

重要 (2) 算数の方が点数が高かった生徒は表の対角線より上のマス目にいる生徒である(下表左の太線に囲まれる部分)。したがって，人数は3＋2＋4＋3＋2＝14人であり，全体の14÷40＝35％

重要 (3) 2つのテストの平均点が7点以上の生徒は算数と国語の点数の合計が14点以上の生徒であり，表の右下部分(下表右の太線に囲まれる部分)。したがって，人数は4＋3＋2＋4＋2＋4＋1＝20人であり，全体の20÷40＝50％

算数（国語：行）

| 国語＼算数 | 0 | 2 | 4 | 6 | 8 | 10 |
|---|---|---|---|---|---|---|
| 0 | | | | | | |
| 2 | | 1 | | | | 3 |
| 4 | | ② | 4 | 2 | | |
| 6 | | | 3 | 3 | 4 | 3 |
| 8 | | 1 | 1 | 2 | 4 | 2 |
| 10 | | | | 4 | | 1 |

算数（国語：行）

| 国語＼算数 | 0 | 2 | 4 | 6 | 8 | 10 |
|---|---|---|---|---|---|---|
| 0 | | | | | | |
| 2 | | 1 | | | | 3 |
| 4 | | ② | 4 | 2 | | |
| 6 | | | 3 | 3 | 4 | 3 |
| 8 | | 1 | 1 | 2 | 4 | 2 |
| 10 | | | | 4 | | 1 |

重要 4 (平面図形，比)

(1) 次ページ図1のように各頂点に記号を付ける。頂点IとJはそれぞれEGの延長線とDAの延長線，BCの延長線との交点である。正方形を4つの同じ形の図形ができるように切ったので，AE＝HD＝CG＝BF＝3cmであり，AH＝DG＝CF＝BE＝12cm，角EKH＝角HKG＝角GKF＝角FKE＝90° 三角形CGJと三角形BEJにおいて，角JCG＝角JBE＝90°，角CJG＝角BJEより三角形CGJと三角形BEJは相似であり，相似比は3：12＝1：4 JC：JB＝1：4なので，JC＝15÷(4−1)＝5cm 同様にAI＝5cm 三角形KFJと三角形KHIにおいて，角HKI＝角FKJ，ADとBCは平行なので角KFJ＝角KHIであり，三角形KFJと三角形KHIは相似 相似比はIH：JF＝(5＋12)：(5＋12)＝1：1なので，HK：FK＝1：1 ㋐はHKに相当し，㋑はFK

に相当するので，(あ)：(い)＝1：1

(2)　図2の中の四角形は1辺の長さが12－3＝9cmの正方形なので，図2の正方形ABCDの面積は図1の正方形の面積より9×9＝81cm$^2$大きい。したがって，図2の正方形ABCDの面積は15×15＋81＝306cm$^2$であり，図1の正方形の面積の306÷(15×15)＝1.36倍

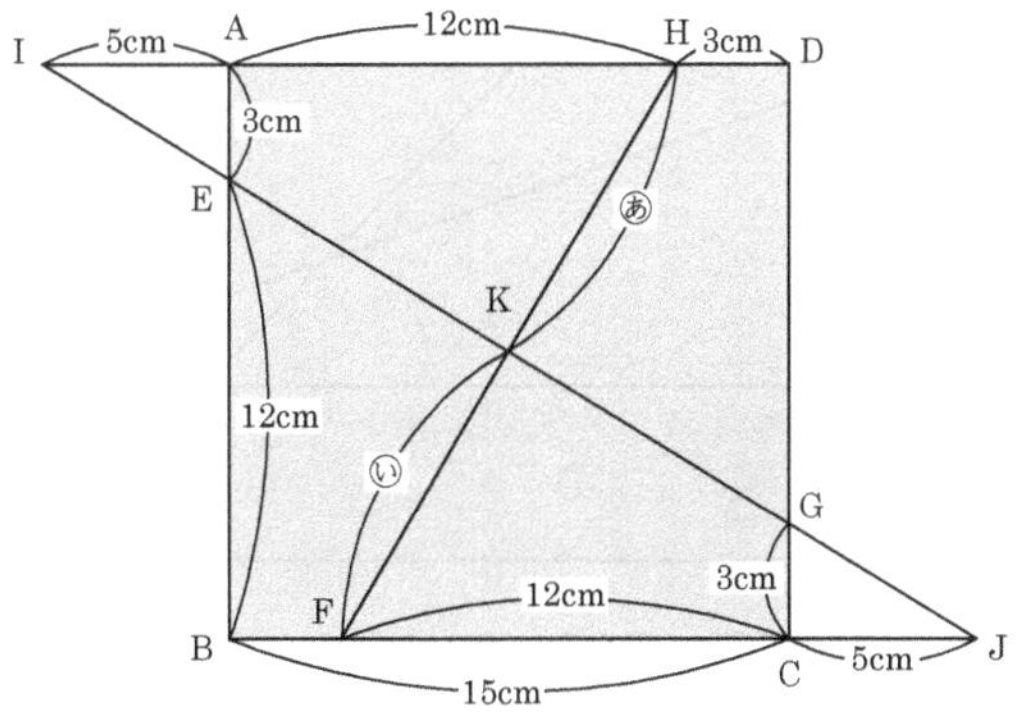

図1

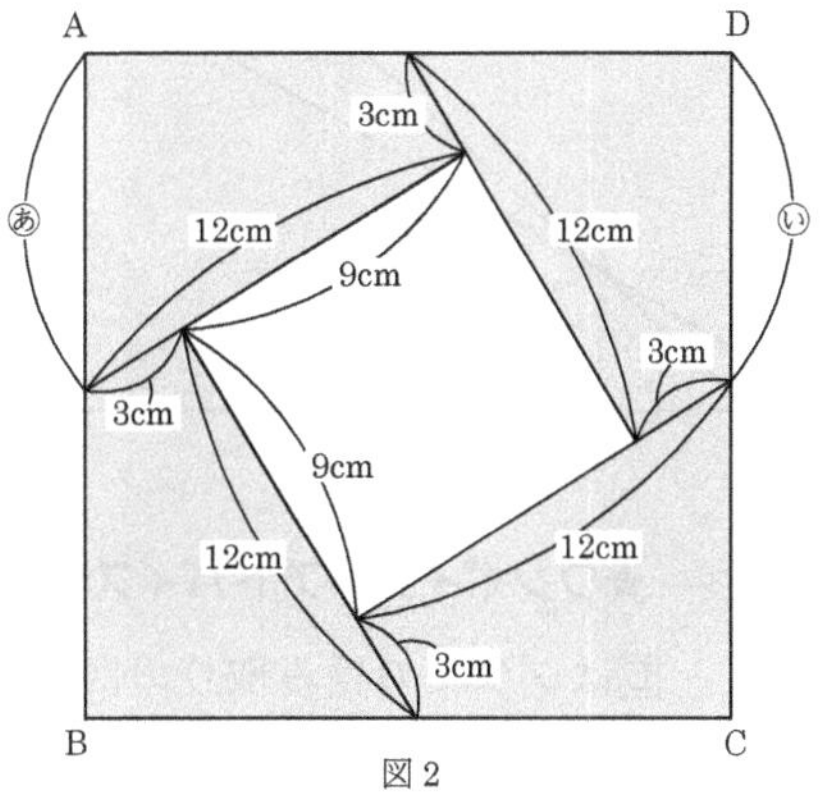

図2

重要 5　(組み合わせ・場合の数)

(1)　千の位は4通り選べ，百の位は残りの3通り，十の位は残りの2通り，一の位は残りの1通り選べるので，4×3×2×1＝24(通り)

(2)　24通りの中で，千の位が5のもの，6のもの，8のもの，9のものはそれぞれ3×2×1＝6通りずつあるので，千の位の平均は5，6，8，9の平均の7。同様に百の位の平均も7，十の位の平均も7，一の位の平均も7なので，4桁の整数の平均は7777

6　(流水算，グラフ)

基本 (1)　グラフより船Aは32分で4800m上るので，上流に向かって進むときの速さは分速4800÷32＝150(m)

基本 (2)　船AがQ町に着くまで21600÷150＝144分かかる。Q町で折り返しP町まで戻ってくるのに224分かかるので，Q町からP町まで224－144＝80分かかる。Q町からP町までの速度は分速21600÷80＝270mなので，川の流れの速さは分速(270－150)÷2＝60(m)

や難 (3)　グラフより船Bは20分で4800m上るので，上流に向かって進むときの速さは分速4800÷20＝240m　川の流れの速さが分速60mなので，川を下るときの速さは分速240＋60×2＝360m　船BがQ町に着くのは，船AがP町を出発してから21600÷240＋12＝102分　船BがQ町を出発するのは102＋10＝112分　また，グラフより船Bのエンジンが故障したのは船AがQ町に着いたときであり，船AがP町を出発してから144分である。この時船BはQ町から(144－112)×360＝11520m下っている。P町まで残り21600－11520＝10080m　船Bはこの距離を256－144＝112分で進むので，エンジンが故障した後の速さは分速10080÷112＝90m　したがって，船AがQ町を出発してから船Bに追いつくまで11520÷(270－90)＝64分なので，船AがP町を出発してから144＋64＝208(分後)

グラフは次ページ図の通り。

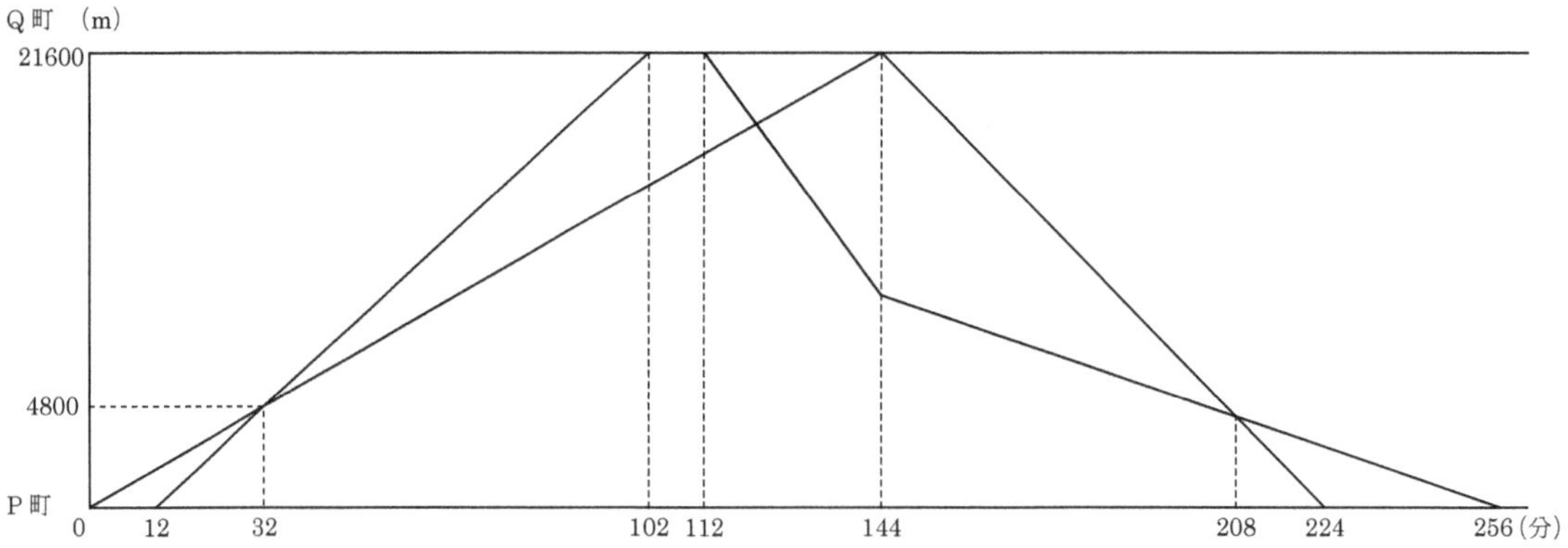

**★ワンポイントアドバイス★**

6はグラフの読み取りの問題。情報を正確に読み取ることが求められる。船AがQ町に着くのと船Bのエンジンが故障したのが同時であることがポイントである。2(4)や4の立体や図形もイメージできただろうか。

## ＜理科解答＞

1 (1) ① エ　② ア　③ ウ　(2) ① エ　② イ　③ ウ　④ エ　⑤ ア

2 (1) 20g　(2) 12cm　(3) 24cm

3 (1) [A] 32.0　[B] 169.0　(2) 218.0g　(3) とけのこる　(4) 136.0g　(5) 67.6g

4 ① D　② B　③ A　④ C　⑤ G　⑥ G　⑦ G[H, G・H]　⑧ F　⑨ K　⑩ M　⑪ L　⑫ I

5 (1) 青紫(色)　(2) デンプン　(3) だ液は，40℃のときに，デンプンを糖に変化させるはたらきがあることがわかる。　(4) エ

6 (1) ウ　(2) ウ　(3) 水草　(4) エ

7 (1) C　(2) Z　(3) X　(4) ア　(5) イ　(6) イ

**○推定配点○**

1 各1点×8　2 各2点×3

3 (5) 2点　他 各1点×5

4 各1点×12　5 (3), (4) 各2点×2　他 各1点×2　6 各1点×4

7 (6) 2点　他 各1点×5　計50点

## ＜理科解説＞

**1 (電流－回路と電流)**

(1) ① 回路は間違っていないので電池がないか豆電球が切れているかである。　② 電池の＋極同士がつながっているため電流が流れない。　③ 豆電球と並列につながっている導線に電

流が流れ，豆電球には電流が流れない。

(2)　①~⑤のつなぎ方は下の図のようになっている。

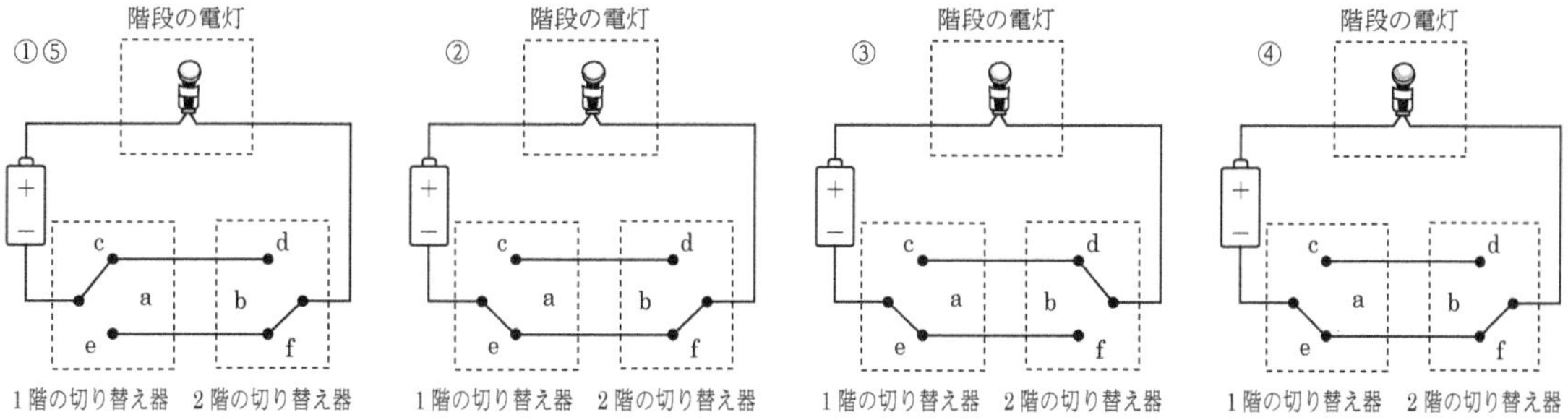


## 2　(力のはたらき－ばね)

や難　(1)　おもり1つをつるしたときののびをそれぞれBののび＝①，Cののび＝$\boxed{1}$とする。表2の2回目と3回目の結果より，ばねの長さはB＋②＝C＋$\boxed{6}$，B＋①＝C＋$\boxed{4}$となる。これより①＝$\boxed{2}$とわかるのでB＝C＋$\boxed{2}$と考えられる。表1の2回目の結果よりB＝C＋$\boxed{M}$なので$\boxed{M}$＝$\boxed{2}$となりM＝20gとわかる。

や難　(2)　ばねAは自然長が14cmでおもり4個で22cm－14cm＝8cmのびるのでおもり1個で2cmのびる。表1の3回目の結果よりばねB＋$\boxed{M}$＝B＋②＝A＋おもり5個＝14cm＋2cm×5＝24cm，表2の1回目の結果よりB＋①＝A＋おもり2個＝14cm＋2cm×2＝18cmとわかる。この差より，ばねBはおもり1個で6cm伸びるので自然長は18cm－6cm＝12cmである。

や難　(3)　表1の1回目と3回目よりばねC＋④＝A＋$\boxed{M}$＝18cm，ばねC＋$\boxed{M}$＝C＋②＝Bの自然長＝12cmから②＝6cmでおもり⑧＝6cm×4＝24cmのびる。

## 3　(物質と変化－ものの溶け方)

基本　(1)　水の温度が同じであればとける量は水の量に比例するので，

[A]40℃の水100gに63.9gとけるので63.9g×$\frac{50g}{100g}$＝31.95≒32.0となる。

[B]80℃の水50gに84.5gとけるので84.5g×$\frac{100g}{50g}$＝169.0となる。

(2)　109.0g×$\frac{200g}{100g}$＝218.0g　と考えられる。

(3)　20℃の水100gには31.6gとけるので150gの水には31.6g×$\frac{150g}{100g}$＝47.4gまでしかとけないので，「とけのこる」。

(4)　100℃の水100gには245.0gとけるが60℃では109.0gまでしかとけないので，245.0g－109.0g＝136.0g出てくる。

(5)　40℃の水150gには95.9gとける。60℃の水150gには54.5g×$\frac{150g}{50g}$＝163.5gまでとけるので，さらに163.5g－95.9g＝67.6gとかすことができる。

基本 4 (物質と変化－気体の発生・性質)

| 実験 | 発生させたい気体 | 発生方法 | 集め方 | 気体を確かめる方法 |
|---|---|---|---|---|
| A | 水素 | ①うすい水酸化ナトリウム水よう液にアルミニウム片を加える | ⑤水に溶けないので，水上置換法である。 | ⑨火のついたマッチを近づけてポンという音がなるか確認する。 |
| B | 酸素 | ②オキシドールに二酸化マンガンを加える | ⑥水に溶けないので，水上置換法である。 | ⑩火のついた線香を近づけて炎を上げ，激しく燃えるかどうか確認する。 |
| C | 二酸化炭素 | ③うすい塩酸に重曹を加える | ⑦水に少し溶け，空気より重いので水上置換法か下方置換法である。 | ⑪石灰水が白くにごることで確認できる。 |
| D | アンモニア | ④塩化アンモニウムと水酸化アンモニウムという2つの粉末をまぜる | ⑧水に非常に溶け，空気より軽いので，上方置換法である。 | ⑫アンモニアは水に溶けてアルカリ性なので，赤リトマス紙を青色に変化させる。 |

5 (生物－人体)

基本 (1) ヨウ素液はデンプンと反応して青紫(色)に変化する。

基本 (2) ヨウ素液はデンプンがあると反応して青紫色に変化し，ない場合はかっ色のまま変化しない。

(3) Cの試験管の結果でベネジクト液には反応していることから，「だ液は40℃のときに，デンプンを糖に変化させるはたらきがあること」がわかる。

(4) 試験管Aでは0℃から40℃の水の中に入れたときベネジクト液と反応して，試験管Eでは80℃から40℃の水に入れてもベネジクト液と反応していないので，80℃にするとだ液のはたらきが失われることがわかる。

6 (生物－動物)

基本 (1) 水道水は殺菌のために塩素が使用されているので抜くために1日くみ置いて使う。

(2) エサは食べ残しが出ない程度の量を1日1～3回あたえる。

(3) メダカが卵を産めるように水草を入れる。

(4) 水そうの水は水がよごれたら，半分だけくみ置きの水と交換する。

7 (天体・気象・地形－流水・地層・岩石)

(1) 河口付近は流れがおそいのでCと考えられる。

(2) れきは粒の大きさが2mm以上なのでZがあてはまる。

(3) 水の流れる速さが同じならば粒の小さい粒は堆積しにくいのでXが堆積しにくい。

(4) 曲線①より右側では堆積するので，堆積されずに流されるのはXの粒である。

(5) 曲線②でYのところの速さが一番遅く，Yは砂と考えられるので，砂が最も遅い速さで動き始めるとわかる。

(6) 曲線①より左なので堆積せず，曲線②より下なので川底の粒は動かず侵食されない。

**★ワンポイントアドバイス★**

30分の時間では問題量が多いので基本的な問題は時間をかけずに，計算問題や本文をしっかり読んで解答する必要がある問題に時間をかける必要がある。短い試験時間で解答を導き出すことが要求されるので，25分を目標に過去問題演習をして時間感覚を身につけよう。

## ＜社会解答＞

1 問1 阿蘇　問2 (河川)淀　(地形)三角州[デルタ]　問3 能登　問4 サロマ
問5 (1) ⑧　(2) ⑦　(3) ⑥　(4) ⑤　問6 ① イ　② ウ
問7 ① イ　② ウ　問8 繊維

2 問1 野尻湖　問2 ア　問3 イ　問4 エ　問5 枕草子　問6 平治
問7 エ　問8 ウ　問9 版籍奉還　問10 ウ　問11 ア

○推定配点○

各2点×25　計50点

## ＜社会解説＞

**1 (日本の地理ー日本地理の総合問題)**

本 問1 阿蘇山は熊本県に位置している。

問2 淀川は大阪平野を通って大阪湾に注いでいる。三角州は広島市の太田川も有名である。

要 問3 能登半島は2024年1月にも地震の被害を受けている。

問4 サロマ湖は琵琶湖，霞ヶ浦に次ぐ日本第三の大湖である。

問5 水俣病は熊本県八代海沿岸，四日市ぜんそくは三重県四日市市，イタイイタイ病は富山県神通川流域，新潟水俣病は新潟県阿賀野川流域が被害地域である。

要 問6 アが秋田県，エが北海道となる。

問7 アがぶどう，エがみかんとなる。

問8 繊維製品は，戦前，日本の主要な輸出品であったが，戦後は減少し続けている。

**2 (日本の歴史ー原始～現代)**

本 問1 野尻湖は長野県北部，黒姫山の東麓に位置している。

問2 日本に初めて火薬が持ち込まれたのは，元寇の際である。

問3 三宝とは仏・法・僧をさす。

要 問4 アは672年，イは810年，ウは645年，エは754年の出来事である。

問5 枕草子の完成と同時期に源氏物語(紫式部著)が執筆された。

問6 平治の乱によって，源義朝が殺害された。

問7 アは甲斐，イは中国地方，ウは東北地方，エは東海地方を拠点とした戦国大名である。

問8 アは江戸幕府の常任最高職，イ・エは鎌倉時代に設置された役職である。

問9 版籍奉還の2年後には廃藩置県が断行された。

問10 ア　黄海海戦は日清戦争時，日本海海戦は日露戦争の際の戦いである。　イ 「戦後」が不適。　エ 「新潟，次いで広島」ではなく「広島，次いで長崎」である。

問11　ア　「3年」ではなく「4年」である。

**★ワンポイントアドバイス★**

本校の問題には語句記入問題が多く含まれているので，普段からしっかり書いて勉強をするようにしよう。

## ＜国語解答＞

一　問1　①　点呼　②　署名　③　誤報　④　修　⑤　営　問2　①　消費　②　許可　問3　①　ア　②　エ

二　問1　エ　問2　イ　問3　無(類)　問4　1　エ　2　ウ　問5　B　問6　最適解は出せるものの理由が説明できないという欠点を持っている(から。)　問7　AIの～専門家　問8　エ　問9　ウ　問10　(例)　将棋AIへの恐怖心を捨てて，自らを高める道具として活用すること。　問11　イ　問12　ウ・オ

三　問1　1　オ　2　エ　3　ウ　問2　く映える。　問3　イ　問4　ア　問5　ア　問6　涙[なみだ]　問7　ウ　問8　長年オトン　問9　オトンの運転する姿がよく見える，いちばん前の席　問10　イ　問11　ア　問12　ウ　問13　エ
問14　(例)　清がオトンからもらったビー玉の力を信じ始めていること。　問15　イ

**○推定配点○**

一　各2点×9
二　問1～問4　各1点×5　問6・問10　各5点×2　問12　各2点×2　他　各3点×5
三　問1　各1点×3　問4　2点　問9・問14　各5点×2　他　各3点×11
計100点

## ＜国語解説＞

一　**(反対語，四字熟語，漢字の書き)**

問1　①　「点呼」は，一人ひとりの名を呼んで，人員がそろっているかどうかを確かめること。「点」の熟語には「点灯」「点検」などがある。「呼」の訓は「よーぶ」。「連呼」「呼応」などの熟語がある。　②　「署名」は，自分の姓名を書きしるすこと。「署」には，「部署」「警察署」などの熟語がある。　③　「誤報」は，まちがった内容や，ありもしないことを報道すること。「誤」の訓は「あやまーる」。「誤解」「誤差」などの熟語がある。「報」の訓は「むくーいる」。「警報」「報復」などの熟語がある。　④　「修める」は，学んで自分のものにするの意味。音は「シュウ・シュ」。「治める」「収める」の同訓異字に注意する。「修得」「修行」などの熟語がある。　⑤　「営む」は，ものごとをするの意味。「営」の音は「エイ」。「経営」「営利」などの熟語がある。

問2　①　「生産」は，あるものを新しく作りだすこと。「消費」は，金や物，また時間や力などを，使ってなくすこと。　②　「禁止」は，してはいけないとやめさせること。「許可」は，ある行為・行動を許すこと。

問3　①　「我田引水」は，自分の田に水を引くということから，自分の都合のいいようにしたり

言ったりすること。　②「厚顔無恥」は，あつかましく，恥を知らない様子。イの意味の四字熟語は「八方美人」。ウの意味の四字熟語は「一日千秋」。

**二 (論説文－要旨・大意の読み取り，論理展開・段落構成の読み取り，文章の細部の読み取り，指示語の問題，接続語の問題，空欄補充の問題，言葉の意味，熟語の構成)**

基本 問1　「賛否」は，賛成と否定(＝反対)で，反対の意味の漢字の組み合わせ。「終始」は，終わりと始まりで，反対の意味の漢字の組み合わせ。ア「直線」は，まっすぐな(＝直)線で，上の漢字が下の漢字を修飾する組み合わせ。イ「開花」は，花を開くで，上の漢字が動作を表して下の漢字が目的・対象となっている組み合わせ。ウ「満足」は，満たすと足りるで，似た意味の漢字の組み合わせ。

問2　「理にかなう」の「理」は理屈・論理の意味。「かなう」は，あてはまるの意味。「理屈にあてはまる」ということで，イ。

問3　「無類」は，比べるものがないほどすぐれていること。

問4　1　空欄のあとの文の「～わけです」に注目する。前で述べた「局面におけるすべての駒の〝間合い〟を深く精緻に把握しています」という内容を，「どのような攻撃がどの程度のダメージになるかが高い精度でわかっている」と言い換えているのである。「つまり」は，言い換えたり要約したりして説明する場合に用いる。　2「ちなみに」は，あることを言ったついでに，そのことに関連して別のことを付け加えて述べるときに使う言葉。ここは，前後が結果と理由や対比などの関係ではなく，藤井聡太の指し手の特徴を付け加えている。

やや難 問5　抜き出した段落が「しかし」で始まっていること。また，「人間のような恐怖心」「敵将を討ちにいこう」「人間の棋士」という言葉があることに注目する。AIと人間を比べていることに着目する。【B】の直前の「人間の基本的な心理」とは反対の内容をもつ「しかしAIは人間のような恐怖心を持っていない」がつながる。また，【B】の直前の段落には「王将を守ってから，敵将を討ちにいく」とあるのと対照的に，「(AIは)チャンスがあれば敵将を討ちにいこう」とある。

重要 問6　「『から』に続く形で」ということは，なぜ「『将棋AIがやっていることを将棋ファンに説明する』という仕事が生まれて」いるのかを説明しなさいということである。その観点から続く段落を読むと，「AIが……どのようにしてその答えに行き着いたのかというプロセスは今のところ人間には理解できません」とある。設問の指示は「AIがどのような特徴を持っているか」なので，人間の受け止め方を説明したこの部分は解答にはならないし，「から」にも続かない。続く文の「AIは，最適解は出せるものの理由が説明できないという欠点を持っているのです」が，AIの特徴を説明している。AIが理由を説明できないので，かわりに人間が説明することが必要になっているのである。このことは，「こうした人々の能力は昨今，大変上達して，AIの思惑を言い当てる場面すらも増えてきました」，「AIの出した答えを分かりやすく人々に伝える専門家がどの分野でも必要になっていくはずです」という内容でも説明されている。

問7　問6と関連させて考える。「こうした人々」とは，具体的には解説を担当する「千田翔太や勝又清和」のような人々である。具体的にはどのような仕事をする人々かというと，「AIの出した答えを分かりやすく人々に伝える専門家」である。

問8　ここでの話題は〈将棋AIの特徴とAIと棋士との付き合い方〉である。X の段落では将棋の話題から離れて，漢字変換という一般的で身近な例を挙げてAIと人間との付き合い方について説明をしている。

問9　直前の「彼」は藤井聡太を指している。藤井聡太は，AIのように局面(＝勝負の形勢)を見ているというのである。AIと藤井聡太の局面の見方として共通するものは，「肉を切らせて骨を断つ」という言葉で説明されている。読み進めていくと，AIの戦い方として「相手に致命傷を与えるためには，多少の傷を負うことを厭わないという戦法もとる」とあり，これを「『肉を切らせて骨を断つ』戦い方」と説明している。この内容を説明しているのはウ。

問10　「恐怖心」という言葉を手がかりにすると，将棋界において「AIをうまく使いこなす」ことについて説明している第五段落が見つかる。最後の一文に「将棋AIによって新しい強さを身につけようとする棋士は，いち早く将棋AIへの恐怖心を捨て，自らを高める道具として活用しています」とある。

**やや難**　問11　イについては，第二段落に「AIの機械学習のためのアルゴリズムは人間が作って与えたもの」とあり，AIは人間の具体的な指示なしでは作動しないので適当でない。ア，ウ，エについては，蓄積されたデータをもとにさまざまな事柄を考えることは，将棋の例としても説明されていることから適当。

**重要**　問12　ウの内容は，第二段落で説明されている。「得体の知れない」は，正体がわからないということ。オの内容は，第九・第十段落で説明されている。ア，「人間の棋士よりも強いと考えられる」とは述べているが「圧倒的に強い」とは述べていない。「全く意味がない」という説明は，第五・第六段落の内容と合わない。イ，「最も良い作戦」とは述べていない。エ，「得意なことが正反対」とは述べていない。カ，第一段落に「素養のひとつになる」とはあるが，「重きが置かれる」とは述べていない。

**三**　**(小説－心情・情景の読み取り，文章の細部の読み取り，空欄補充の問題，ことばの意味，表現技法)**

**基本**　問1　1　バスを磨く作業を表す言葉を選ぶ。「せっせと」は，集中して物事をする様子。　2　物を握る様子を表す言葉を選ぶ。「ぎゅっと」は，強く握ったり押しつけたりする様子。　3　「際立つ」は，まわりの物とはっきりちがっていて，特に目だつの意味。「くっきりと」は，物の形がはっきりしていてきわだってあざやかな様子。

**やや難**　問2　「生口島」という地名を手がかりにする。文中には「おとなりの生口島や広島県の山並みが見えた。夏空に，濃い緑色がまぶしく映える。行く先々でそんな風にオトンがガイドをしてくれるから～」とあるが，ガイドの内容が描かれていない。抜き出した文は「生口島のふもとに畑が見えるじゃろ。あそこじゃレモン作っちょるらしいのう」とあり，ガイドの内容に当てはまる。

**基本**　問3　「擬人法」は，人でないものを人にたとえて表現する技法。「バスは……顔をして，じっとしていた」とあって，バスを人にたとえている。

問4　「清々しい森の空気」とある。「清々しい」は，さっぱりとしていて気持ちがよいの意味。

問5　バスを磨いている「僕」の様子を描いた表現に注目する。「僕は，できるだけ丁寧に磨いた」とある。感謝の気持ちから丁寧に磨いているのである。そして，バスをきれいにすることで最後の運転をするオトンを喜ばせたいと思っている。

問6　体の中からこみあげてくるもの，あふれ出しそうになるものは，涙である。

問7　車庫に着いて，「運転席を見るとオトンがこっちを見て笑いながら手招きをしていた」とある「運転席」はオトンの慣れ親しんだバスである。オトンは「清，好きな席に座れ。これから最後のドライブじゃ。島をぐるっとまわるけんの」と言っている。

問8　「バスが古びていること」とあるので，文章を初めから読んでいくと「長年オトンが座っていたシートは，スプリングがへたって，真ん中が少し凹んでいた」とある一文が見つかる。

問9　読み進めると，「僕は，オトンの運転する姿がよく見える，いちばん前の席に座った」とある。

問10　オトンは「これから最後のドライブじゃ。島をぐるっとまわるけんの」と言っている。オトンがバスに愛着を持っていることは，最後の日の朝にバスを磨く場面に描かれている。そして，「わしと，清と，このバスの三人じゃ」とバスを人として扱っていることから，イが適当である。

問11　Aは清の会話である。会話文の前に挙げられている，バス・バスを運転するオトン・バスが走る島・島に住む人たち・学校・凪・海・みかん畑・友達もみんな好きだから思い出にするのが嫌だと言っている。それらは，清にとっての今の生活であるから「『思い出』として過去のものにしたくない，というのである。Bはオトンの会話である。オトンは，思い出は時間とともに風化する，と言っている。「風化」は，生々しい記憶や印象が次第に薄れていくこと。「次第に失われていく」というのである。

重要　問12　本文に描かれているバスのルートを追っていく。まず「宮浦を出発したバス」とある。バスは「海沿いを反時計回りに走りだした」とあるので，左回りに走っている。地名を順に追っていくと「最初に通った井口港」，「少し北上して盛という集落」，「肥海という集落」とある。

問13　「感傷的」は，しんみりした悲しみやさみしさの感情にとらわれている様子。オトンは島の海をながめ，美しさや優しさをあらためて感じ，別れをさみしく思っているのである。

問14　「ビー玉」については，あらすじに「清はビー玉の力を信じられずにいた」とある。しかし，オトンといっしょに最後のドライブをして島の海をながめ，オトンと同じく感傷的な気分になった清は，ビー玉はオトンが海岸で拾ったものと知りビー玉を意識し始める。ポケットの中のビー玉の感触を確かめると心地よくて，さらに光ったような気がしたというのであるから，ビー玉の力を信じ始めていると考えられる。

重要　問15　イについては，他に海の色を「黒い海」「淡い水色」などと表現している。ア，リズムが生まれるような会話のやりとりはなく，つぶやきやひとりごとも多い。不適当。ウ，オトンの気持ちも清からの視点で描かれているので，より分かりやすいとは言えない。エ，清の「なんとなくの……」「うん……」に使われているが楽しい思い出を振り返る場面ではない。

**★ワンポイントアドバイス★**

論説文は，話題をとらえて，話題についての筆者の考え方をとらえよう。具体例やキーワードに注目し，段落の働きも押さえて説明の内容をつかむことが大切だよ。小説は，あらすじを読んで場面の設定をとらえて，人物の心情や思い，考えの違いを読み取るようにしよう。

# MEMO

大切なことはメモしておこうネ！

# 2023年度

★★★★★★★★★★★★★★★★★★★★★★★★

# 入　試　問　題

## 2023年度

# 日本大学第一中学校入試問題

**【算　数】**（50分）　＜満点：100点＞

1　次の計算をしなさい。ただし，(5)は $\square$ にあてはまる数を求めなさい。

(1)　$(17+58)\times 4-2\times(9+56\div 8)$

(2)　$1\frac{3}{4}\times 1\frac{1}{5}-3\frac{1}{3}\div 2\frac{2}{9}$

(3)　$5.7+14.3\div\left\{\frac{13}{7}\div\left(\frac{1}{3}-\frac{1}{7}\right)\right\}\times 3$

(4)　$3.21\div 1.5+2.14\times 5+10.7\times 0.6$

(5)　$\left(0.4\div \square\right)\times 2\frac{1}{2}+3=5$

2　次の各問いに答えなさい。

(1)　8％の食塩水500ｇに15％の食塩水を混ぜて10％の食塩水をつくりました。15％の食塩水を何ｇ混ぜましたか。

(2)　一郎君と太郎君の速さの比は４：７です。Ａ地点を同時に出発してＢ地点まで行くとき太郎君は一郎君より36分早く着きました。太郎君がＡ地点からＢ地点まで行くのにかかった時間は何分ですか。

(3)　まわりの長さが32㎝，たてと横の長さの比が３：５の長方形があります。この長方形の面積を変えないでたての長さを２㎝長くするとき，横の長さは何㎝になりますか。

(4)　りんご１個の値段は，みかん１個の値段よりも20円高く，りんご10個とみかん５個の値段の合計は1250円です。みかん１個の値段を求めなさい。

(5)　右の図は，半径10㎝の円と，半径５㎝の円４つを組み合わせたものです。色をつけた部分の面積を求めなさい。ただし，円周率は3.14とする。

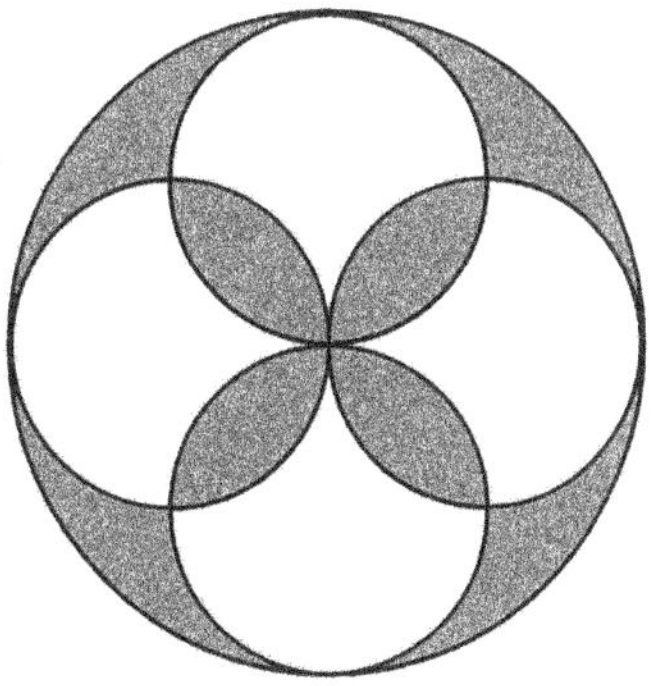

3　数が４つずつの組になって次のように並んでいます。このとき，次の各問いに答えなさい。

【１，２，３，４】，【５，６，７，８】，【９，10，11，12】，【13，14，15，16】，……

(1)　2022は何番目の組に含《ふく》まれますか。

(2)　４つの数の合計が634になるのは，何番目の組ですか。

4　右の図は，１辺が４cmの立方体から，半径２cmで高さ２cmの円柱の$\frac{1}{4}$だけ切り取った立体です。このとき，次の各問いに答えなさい。ただし，円周率は3.14とする。

(1)　この立体の体積を求めなさい。

(2)　この立体の表面積を求めなさい。

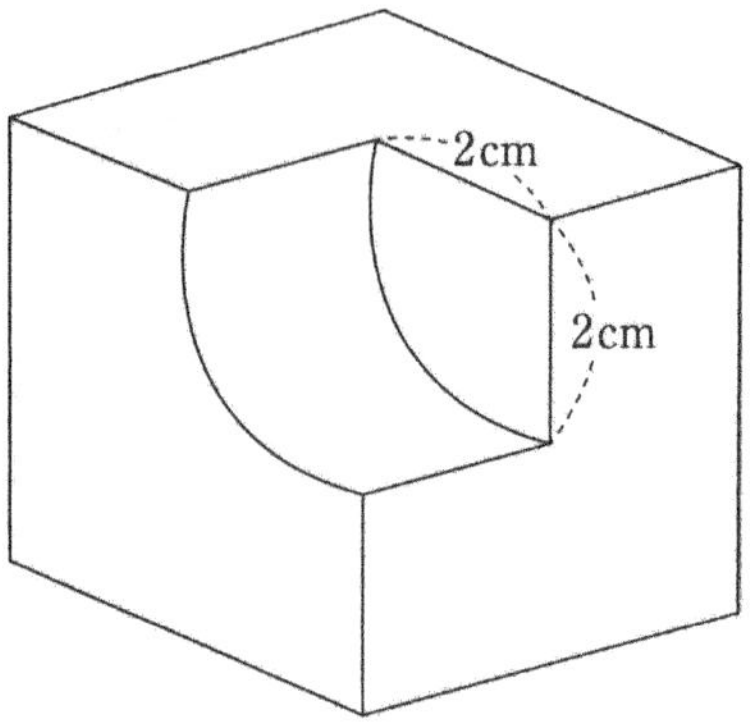


5　AさんとBさんは，２人で学校を出て，歩いて駅に向かいました。その途中《とちゅう》でAさんは忘れ物に気付いて歩いて学校にもどり，忘れ物を探してから歩いていたときより分速40mだけ速く走って駅に向かいました。一方Bさんはそのまま駅に向かって歩いていましたが，途中で本屋に寄ったのでAさんと同時に駅に着きました。下のグラフは２人の間の距離《きょり》と時間の関係を表したものです。２人が歩く速さは同じです。このとき，次の各問いに答えなさい。

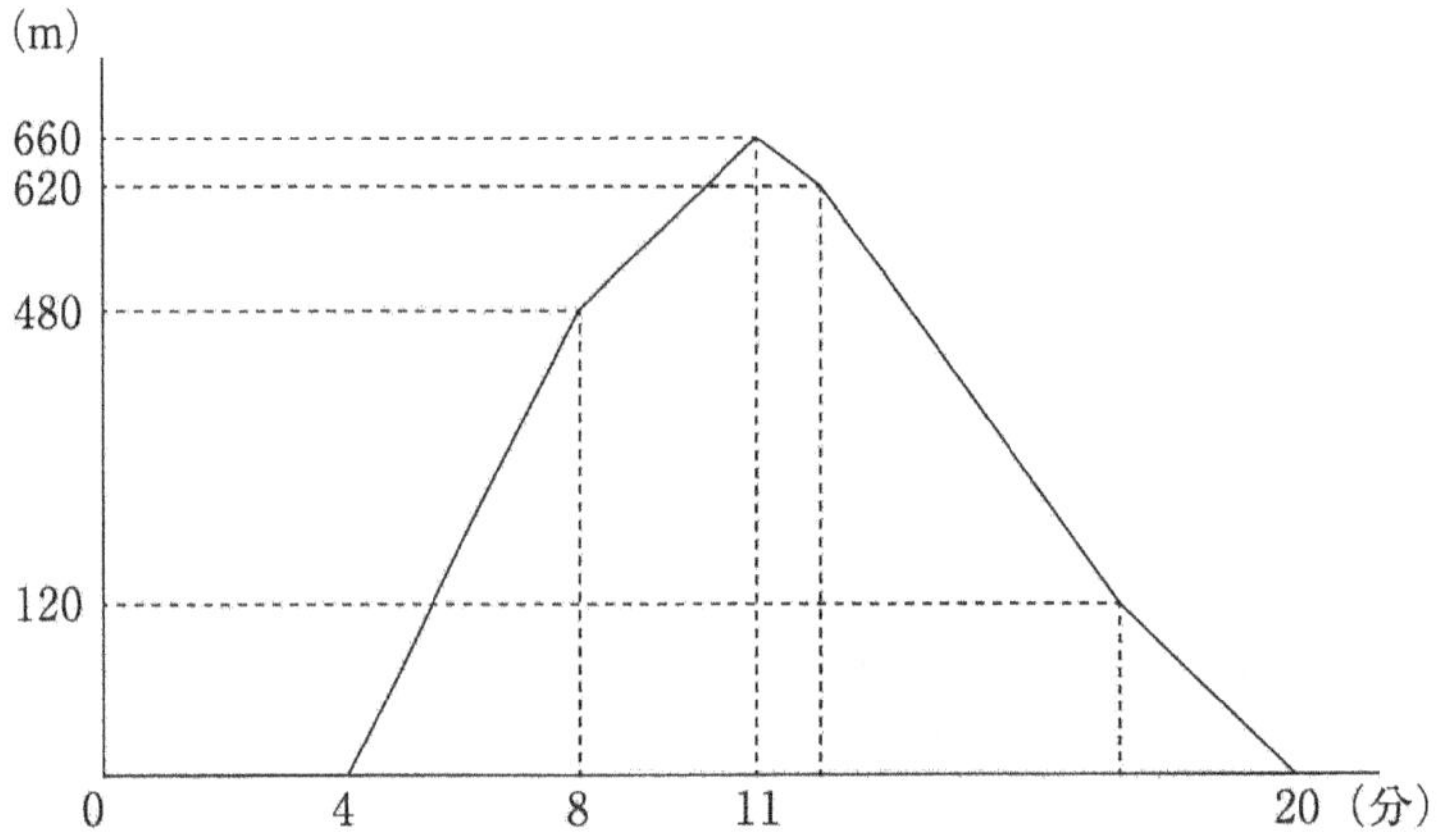


(1)　Aさんが忘れ物に気付いてから再び駅に向かい始めるまでに何分かかりましたか。

(2)　２人の歩く速さは分速何mですか。

(3)　Bさんが本屋にいたのは何分間ですか。

6　あるクラスの30人に10点満点のテストを行いました。次のページのグラフは，その結果を表しています。ところが，一部が汚《よご》れていて，人数がわかりません。

30人の点数の平均値，最頻《ひん》値，最大値はそれぞれ4.3点，６点，９点でした。このとき，次の各問いに答えなさい。ただし，生徒の点数は０点以上10点以下の整数の点数とします。

(1)　30人の点数の中央値を求めなさい。

(2)　このグラフを円グラフに表すと，４点の部分の中心角（２つの半径のつくる角）は何度ですか。

(3)　点数が５点，６点，９点，10点の生徒の人数をそれぞれ求めなさい。

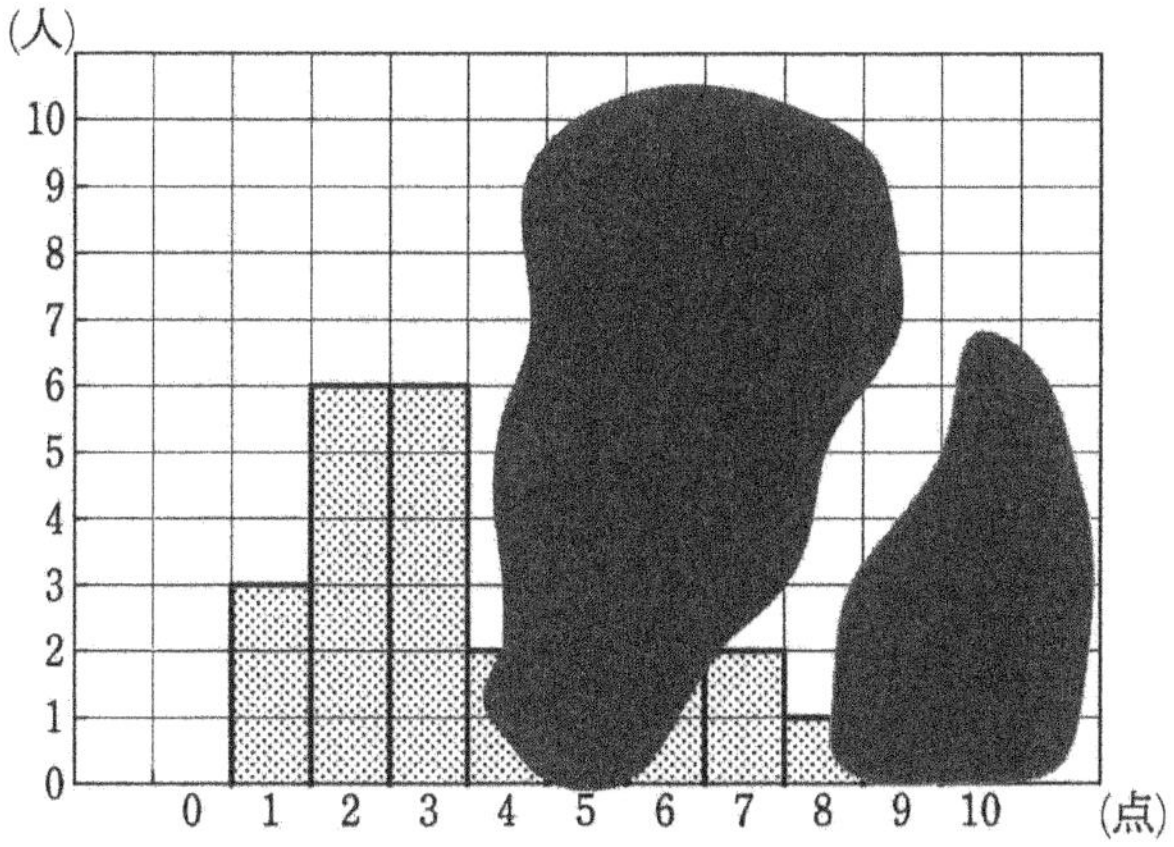
(人)
10
9
8
7
6
5
4
3
2
1
0
0 1 2 3 4 5 6 7 8 9 10
(点)

**【理　科】**（30分）　＜満点：50点＞

1　乾電池《かんでんち》・豆電球・発光ダイオード（LED）・手回し発電機・電流計・スイッチを使って電流実験をした。図１は，手回し発電機をハンドル側から見た図で，ハンドルを時計回りに回す向きをA，反時計回りに回す向きをBとする。また，発光ダイオードには，図２のように長い足と短い足があり，長い方に乾電池の＋極をつなぐときだけ光る。

図1

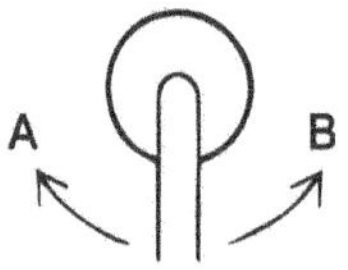


図2

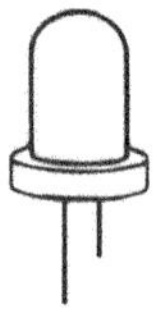

図3

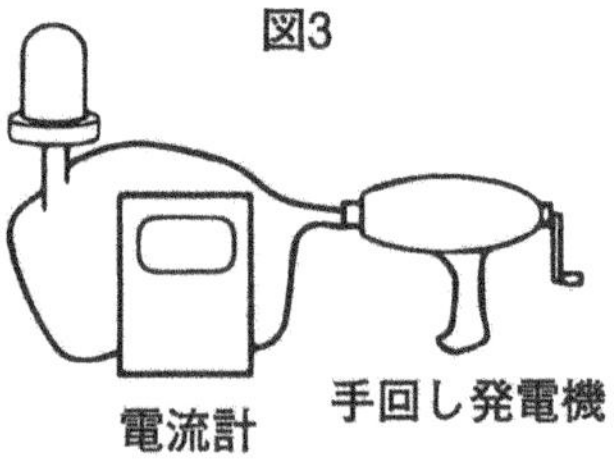


実験１：豆電球に乾電池をつないで光らせた。このとき，乾電池２個を使って直列につないだ方が明るく光ることがわかった。

実験２：図３のように回路を組んで手回し発電機をA方向に回したときLEDは光り，B方向に回したときLEDは光らなかった。

実験３：LEDの長い足に乾電池のプラス極をつなぐと，１個では光らなかったが，乾電池を直列に２個つなぐと光った。

(1)　実験１と実験２からわかることを下のア～オから２つ選び，記号で答えなさい。

ア　電池を並列に接続すると豆電球は長い時間光る。

イ　豆電球は大きな電流が流れるとより明るく光る。

ウ　豆電球は，電流の流れる向きに関係なく光る。

エ　手回し発電機のハンドルを回す向きを変えると，流れる電流の向きが変わる。

オ　手回し発電機を速く回転させるほど，大きな電流を流すことができる。

(2)　実験２でB方向にハンドルを回転させたとき，電流計の読みは何mAですか。

(3)　下のア～エの乾電池とLEDのつなぎ方の中で，LEDが光るものを１つ選び，記号で答えなさい。

ア

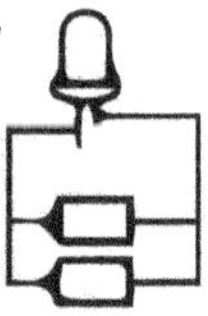

イ

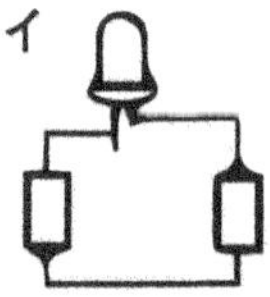

ウ

エ

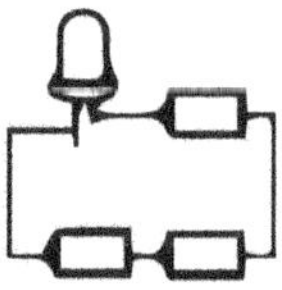

(4)　次のページのつなぎ方で，それぞれスイッチ①～③を入れたときに光るLEDがある場合には○，光るLEDがない場合には×を書きなさい。

(a)　スイッチ①だけを入れる。

(b)　スイッチ②だけを入れる。

(c)　スイッチ③だけを入れる。

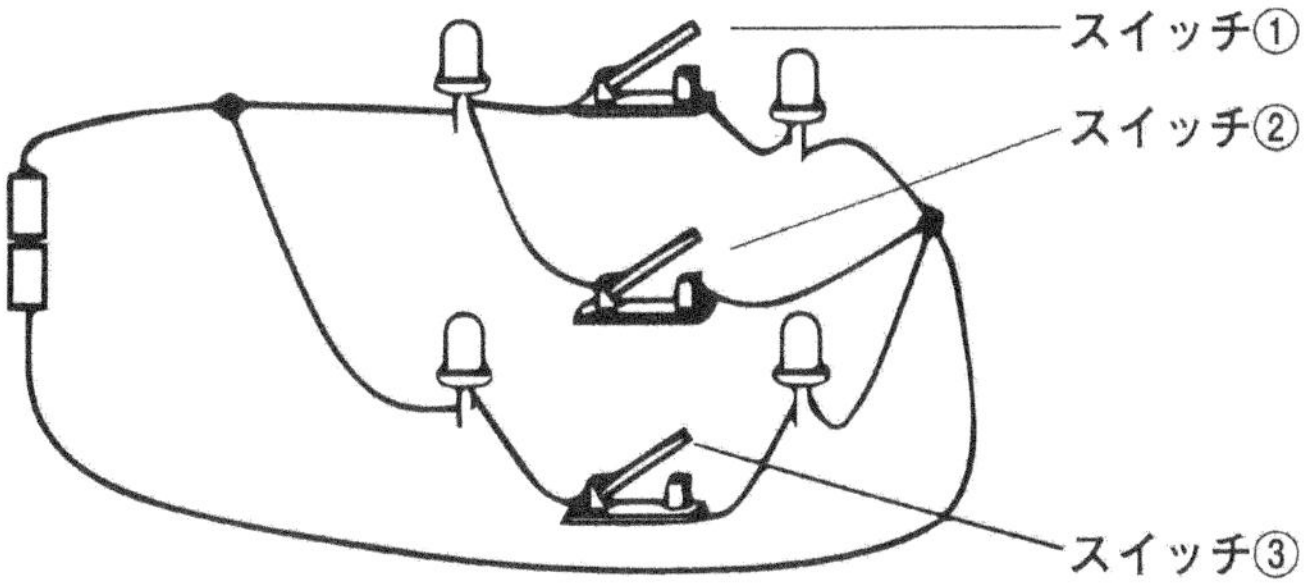


2　下のア～オの5種類の気体について，各問いに答えなさい。

ア．酸素　　イ．二酸化炭素　　ウ．アンモニア　　エ．水素　　オ．ちっ素

(1)　下の①～③にあてはまる気体を，ア～オの記号ですべて選びなさい。

①空気よりも軽い。

②燃料電池で発電をするときに必要。

③水にとけると，水よう液が酸性の性質を示す。

(2)　次の文章の空らん①と②にあてはまる気体を，ア～オの記号で答えなさい。

他の物質を燃やす気体は（　①　）で，燃える気体は（　②　）である。

(3)　火のついたろうそくをねんどに立てて，ふたをつけた底のない集気びんをかぶせると，やがてろうそくの火が消えた。図1は，集気びんの中でろうそくが燃える前と燃えたあとの空気中にふくまれる気体の割合の変化を表したものである。記号●・□・▲は，ア～オのいずれかの気体を表しており，記号●はア．酸素である。

図1　ろうそくが燃える前　　　　ろうそくが燃えたあと

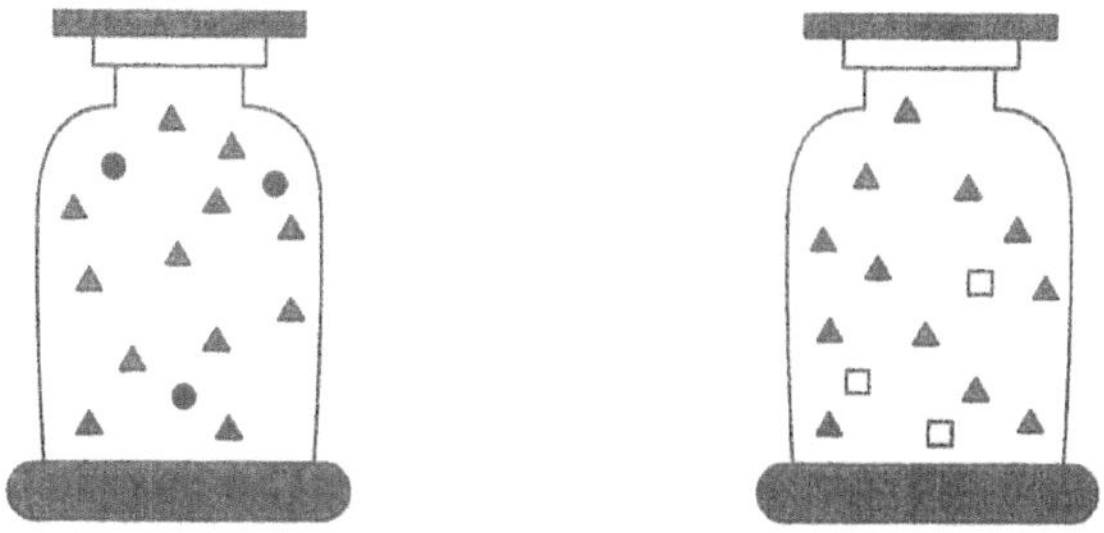

①▲で表された気体は空気中での割合がもっとも多い。その割合としてもっとも近いものを下のａ～ｃから選び，記号で答えなさい。

ａ．65%　　ｂ．80%　　ｃ．95%

②次に図2のように酸素だけを集気びんにいれて同じ実験をした。ろうそくが燃えたあとの気体の割合を，図1を参考にして表しなさい。

図2

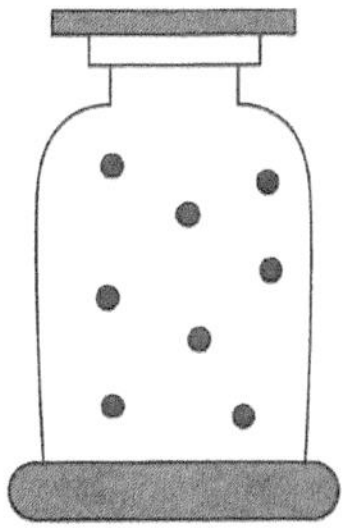

3　次の文を読んで，各問いに答えなさい。

私たちのからだには，さまざまな臓器《ぞうき》のほかに筋肉や骨がある。筋肉は縮《ちぢ》んだりゆるんだりすることによってからだを動かす。しかし，①筋肉の中には，自分の意思で調節できない内臓《ないぞう》の筋肉もある。

骨は筋肉によってからだを動かすほか，からだを支えたり，やわらかい臓器を保護《ほご》する役わりがある。

②骨と骨はじん帯《たい》というものでつながれていて，その部分は（　ア　）とよばれる。筋肉の端《はし》は，かたい（　イ　）となっていて骨についている。

(1)　文中の（ア）と（イ）に当てはまる語句を答えなさい。

(2)　うでの筋肉と骨の関係を表したモデルとして正しいものを選び，図のａ～ｄの記号で答えなさい。

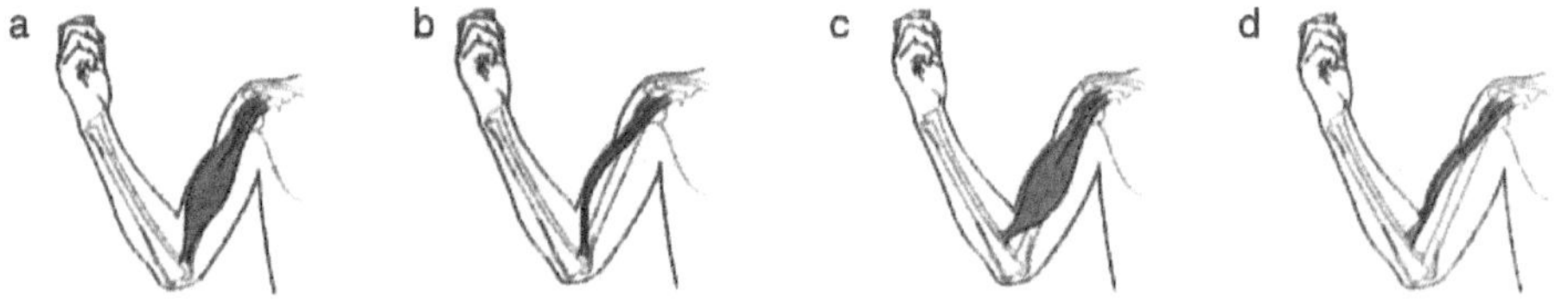


(3)　下の文は，下線部①についてのべたものである。
文中のA～Cに当てはまることばの組み合わせとして正しいものを選び，表中のａ～ｄの記号で答えなさい。

内臓を動かす筋肉は，体を動かす筋肉と比較してA力でB動かすことができる。そのため，疲労C。

| 記号 | A | B | C |
|---|---|---|---|
| a | 強い | 長い時間 | しにくい |
| b | 弱い | 短い時間 | しにくい |
| c | 強い | 短い時間 | しやすい |
| d | 弱い | 長い時間 | しにくい |

(4)　右の図１は，ヒトの左手の骨と輪《りん》かくを示したものである。下線部②の（ア）について，図２のようにジャンケンでチョキをつくるときに（ア）は全部で何か所曲げることになるか。下のａ～ｅから選び記号で答えなさい。ただし，図１の直線より上の部分で考えること。

ａ．１か所も曲げない
ｂ．２か所　　ｃ．８か所
ｄ．14か所　　ｅ．16か所

図1

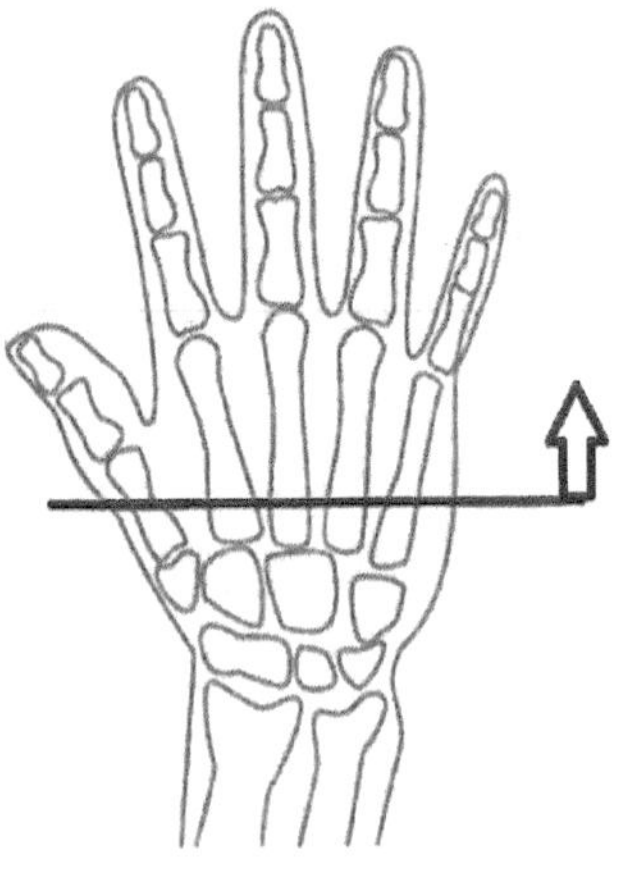

図2

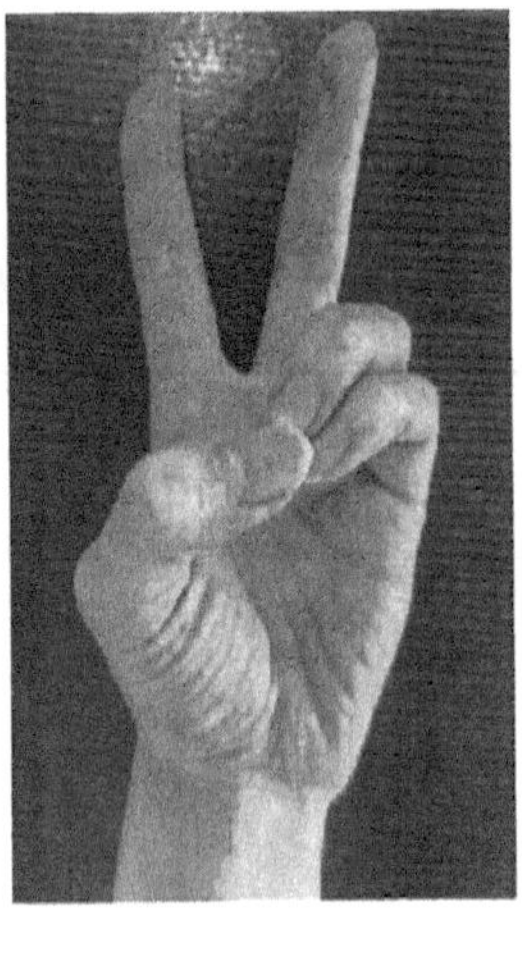

4 モンシロチョウについて，各問いに答えなさい。

(1) モンシロチョウのたまごが産みつけられている可能性が高い植物を次のア～カから２つ選び，記号で答えなさい。

ア．キュウリ　イ．キャベツ　ウ．レタス　エ．クワ　オ．ミカン　カ．ダイコン

(2) モンシロチョウのたまごの図として正しいものを次のア～エから選び，記号で答えなさい。

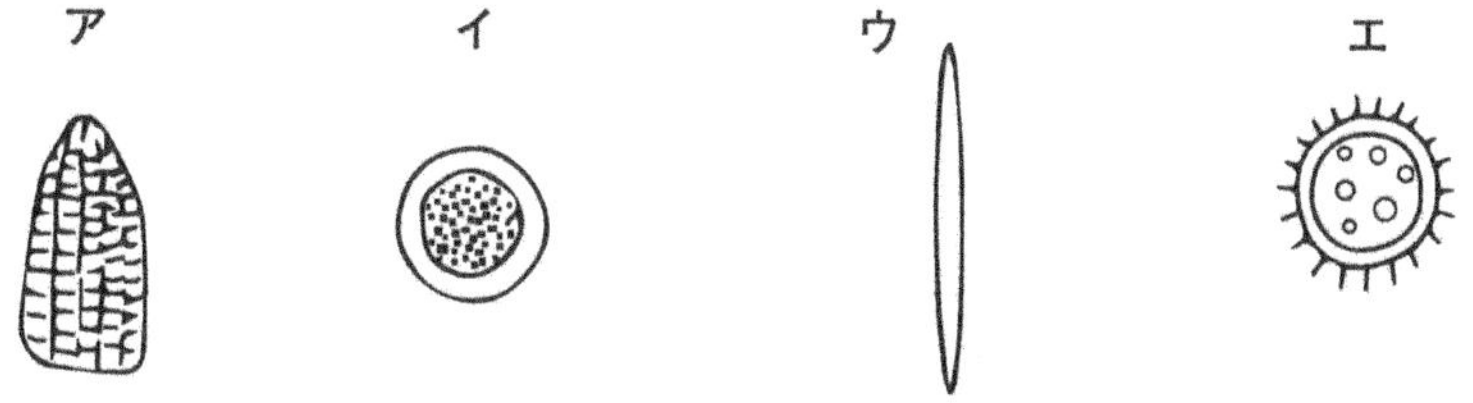


(3) モンシロチョウのふ化直前のたまごの色は何色か。次のア～エから選び，記号で答えなさい。

ア．黒色　イ．赤色　ウ．黄色　エ．緑色

(4) モンシロチョウは，たまご→幼虫→さなぎ→成虫と育つ。このような育ち方を何といいますか。

(5) (4) とはちがう育ち方をする生物を次のア～オから２つ選び，記号で答えなさい。

ア．ハエ　イ．セミ　ウ．ハチ　エ．バッタ　オ．カブトムシ

(6) 解答用紙の図に，モンシロチョウの成虫の足をかき入れなさい。

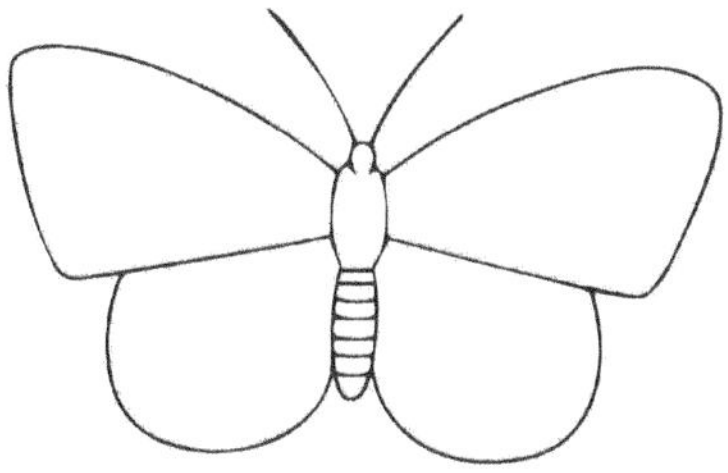

5 図１は，ある日の日本付近の天気図である。また，図２の①～③は気象衛星がとった日本上空の雲のようすを示している。

図1

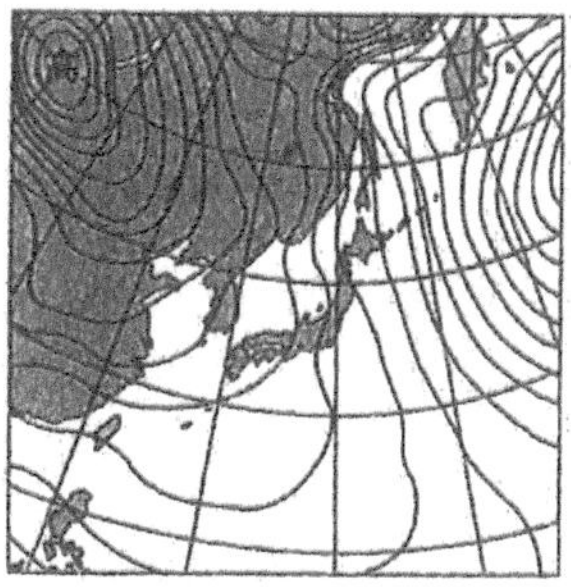


図2

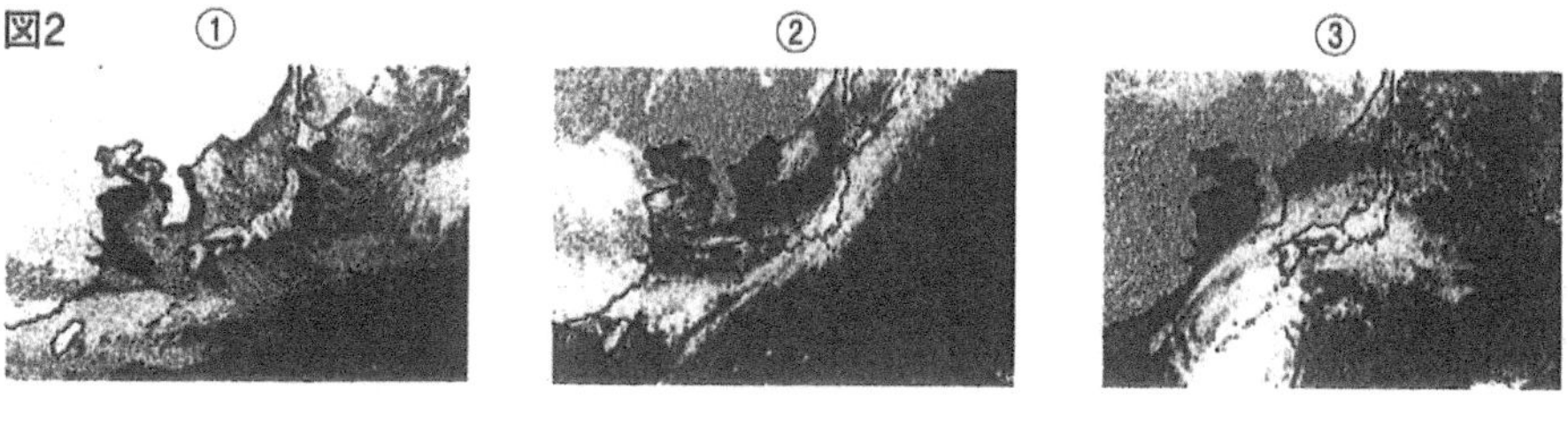

(1)　図１が作成された日にとられた気象衛星からの写真を図２から選び，①～③の記号で答えなさい。

(2)　図１が作成された日に，墨田《すみだ》区で観測される風の向きと風の特徴《とくちょう》として正しいものを次のア～エから選び，記号で答えなさい。

ア．東からふく，しめった風　　イ．南からふく，かわいた風

ウ．西からふく，しめった風　　エ．北からふく，かわいた風

(3)　図２の②がとられた日に墨田区ではどのような気温になるか。正しいものを次のア～ウから選び，記号で答えなさい。

ア．朝・夕は気温が下がるが，午後には気温が上がる。

イ．一日を通してほとんど気温の変化が見られない。

ウ．朝・夕は気温が上がるが，日中は気温が上がらない。

(4)　図２の③がとられた日には，九州で警報や注意報が流れた。どのような警報や注意報か。考えられるものすべて選び，ア～クの記号で答えなさい。

ア．暴風警報　　イ．熱中症アラート　　ウ．大雪警報

エ．高潮警報　　オ．光化学スモッグ注意報　　カ．洪水注意報

キ．紫外線《しがいせん》注意報　　ク．乾燥《かんそう》注意報

(5)　全国に約1300か所あり，降水量・気温・日照時間・風向・風速などを自動的に観察し，気象庁にデータを送っているシステムを何といいますか。

**【社　会】**（30分）　＜満点：50点＞

1　問いに答えなさい。

図1

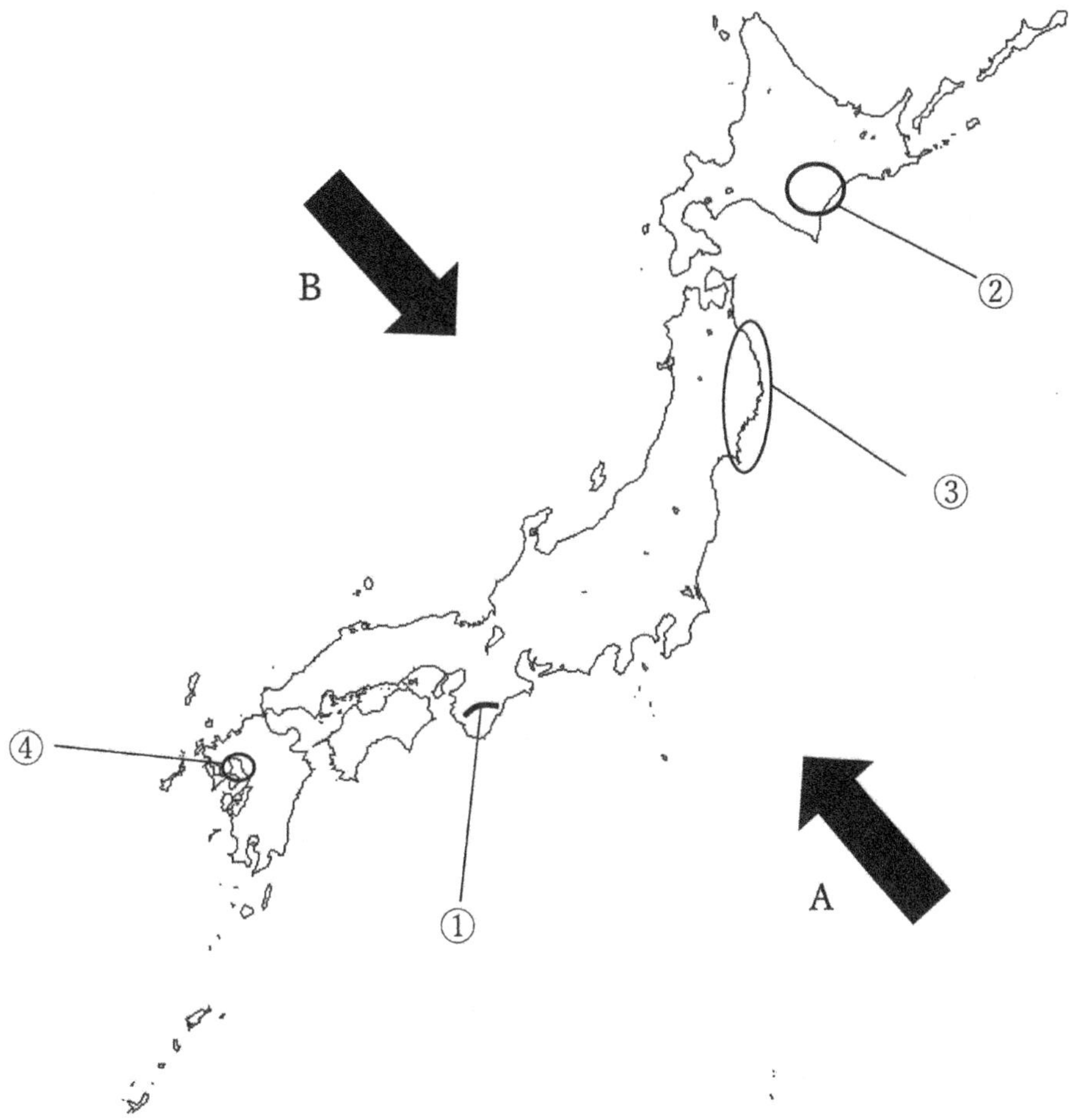


問1　図1の①の山地の名称を答えなさい。

問2　図1の②の平野の名称を答えなさい。また，この平野で盛んに栽培されている工芸作物を，次の語群から選び答えなさい。

| | | | |
|---|---|---|---|
| 紅花 | いぐさ | てんさい | こんにゃくいも |

問3　図1の③のリアス海岸の名称を答えなさい。

問4　図1の④の海の沿岸には，堤防をつくって中の水を干し上げて作られた耕地が広がっています。この海の名称を答えなさい。また，このような耕地開発の方法を何というか答えなさい。

問5　日本の気候は，季節風の影響によって夏と冬の季節の違いが大きいのが特徴です。**夏に吹きこむ季節風の方向とその影響の組み合わせ**として正しいものは，次のページの(ア)～(エ)のうちどれですか。記号で答えなさい。（季節風の吹き込む方向は図1のA・Bです）

(ア)　方向：A　－　影響：太平洋側に多くの雨を降らせる

(イ)　方向：A　－　影響：日本海側に多くの雨を降らせる

(ウ)　方向：B　－　影響：太平洋側では乾燥した晴れの日が続く

(エ)　方向：B　－　影響：日本海側では乾燥した晴れの日が続く

問６　図２のア～エの帯グラフは，ほたて貝・かき・しんじゅ・わかめの養殖における産出額の割合を表したものです。このうち，①ほたて貝 と②かき の収穫量の割合を表したグラフとして正しいものを，それぞれ１つずつ選び記号で答えなさい。

図２（２０２０年）

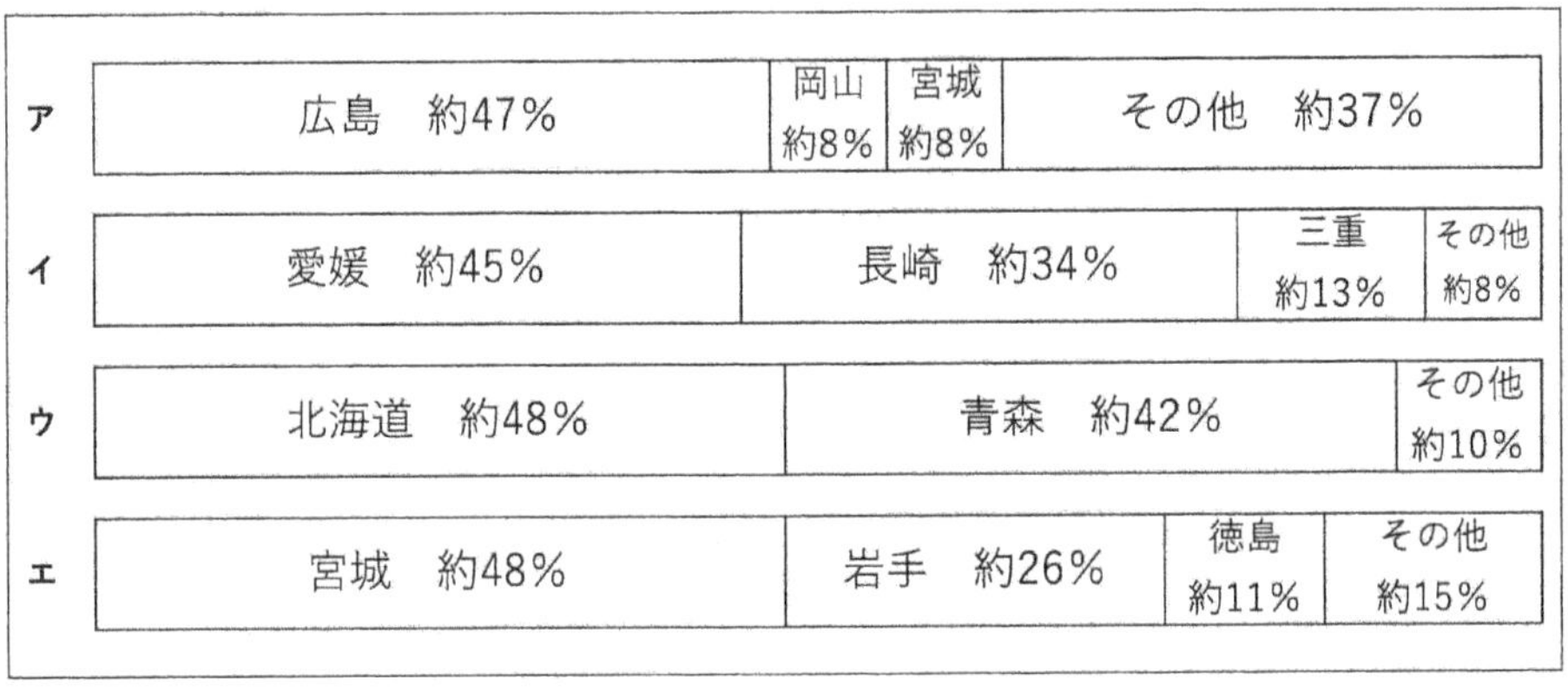


農林水産省「主要魚種別海面養殖業産出額」より作成

問７　図３のア～エの表は，関西国際空港・成田国際空港・名古屋港・千葉港の主な輸出品目を表したものです。このうち，関西国際空港の輸出品目を表したものを，１つ選び記号で答えなさい。

図３（２０１７年）

**ア**

| 品目 | 金額（百万円） | 割合（%） |
|---|---|---|
| 金（非貨幣用） | 863,555 | 7.7 |
| 科学光学機器 | 666,471 | 6.0 |
| 集積回路 | 449,490 | 4.0 |
| 電気回路用品 | 447,159 | 4.0 |
| 半導体製造装置 | 393,253 | 3.5 |
| その他 | 8,347,937 | 74.8 |
| 計 | 11,167,865 | 100 |

**イ**

| 品目 | 金額（百万円） | 割合（%） |
|---|---|---|
| 自動車 | 2,882,291 | 24.5 |
| 自動車部品 | 2,150,467 | 18.3 |
| 内燃機関 | 503,893 | 4.3 |
| 金属加工機械 | 452,433 | 3.9 |
| 電気計測機器 | 409,837 | 3.5 |
| その他 | 5,343,207 | 45.5 |
| 計 | 11,742,128 | 100 |

**ウ**

| 品目 | 金額（百万円） | 割合（%） |
|---|---|---|
| 石油製品 | 176,175 | 22.4 |
| 鉄鋼 | 149,923 | 19.0 |
| 有機化合物 | 130,616 | 16.6 |
| 自動車 | 99,295 | 12.6 |
| プラスチック | 53,724 | 6.8 |
| その他 | 177,365 | 22.6 |
| 計 | 787,098 | 100 |

**エ**

| 品目 | 金額（百万円） | 割合（%） |
|---|---|---|
| 集積回路 | 831,242 | 14.7 |
| 科学光学機器 | 430,375 | 7.6 |
| 個別半導体 | 422,326 | 7.5 |
| 電気回路用品 | 341,559 | 6.1 |
| 通信機 | 300,094 | 5.3 |
| その他 | 3,318,334 | 58.8 |
| 計 | 5,643,930 | 100 |

※矢野恒太記念会『日本国勢図会』より作成

問８　国会・内閣・裁判所の３つは，お互いに独立して，どれかに権力が集中しないようにバランスをとっています。この仕組みを何といいますか。**漢字４文字**で答えなさい。また，次の(ア)～(エ)のうち，国会の仕事はどれですか。記号で答えなさい。

(ア)　裁判官を辞めさせるかどうかの裁判をおこなう

(イ)　最高裁判所の長官を指名する

(ウ)　外国との条約を結ぶ

(エ)　法律が憲法に違反しないかを審査する

2　次の年表を用いて，後の各問いに答えなさい。

| 年代 | できごと |
|---|---|
| ３世紀 | 邪馬台国の女王が中国に使いを送る……………………………… ① |
| | ↕ A ………………………………………………………………… ② |
| ９３５年 | 平将門が反乱をおこす…………………………………………… ③ |
| １１６７年 | 平清盛が太政大臣になる………………………………………… ④ |
| １２３２年 | 御成敗式目が出される…………………………………………… ⑤ |
| １５世紀 | （　Ｂ　）が日本風の水墨画を完成させる ………………… ⑥ |
| １５６０年 | 桶狭間の戦いがおこる…………………………………………… ⑦ |
| １８３７年 | 大坂町奉行の元役人が反乱を起こす…………………………… ⑧ |
| | ↕ C ………………………………………………………………… ⑨ |
| １９４５年 | 太平洋戦争が終わる……………………………………………… ⑩ |
| １９４７年 | 帝国議会に代わり、最初の国会が開かれる…………………… ⑪ |
| ２０２２年 | 第２６回参議院議員通常選挙が行われる……………………… ⑫ |

問１　①について。邪馬台国の女王とは誰ですか。**漢字３文字**で答えなさい。

問２　②について。次の(ア)～(エ)はいずれも矢印Ａの時期におこったできごとですが，年代順に並べたものではありません。これを年代順に正しく並べかえたとき，３**番目**になるものはどれですか。記号で答えなさい。

(ア)　小野妹子を遣隋使として派遣する　　(イ)　墾田永年私財法が出される

(ウ)　改新の詔が出される　　(エ)　平安京が都となる

問3　③について。平将門の乱がおこった場所はどこですか。正しいものを次の地図中Ⓐ～Ⓓから1つ選び，記号で答えなさい。

問4　④について。平清盛と関係の深いものとして正しいものを次の(ア)～(エ)から1つ選び，記号で答えなさい。

(ア)　朱印船貿易　　(イ)　日明貿易　　(ウ)　日宋貿易　　(エ)　勘合貿易

問5　⑤について。御成敗式目が定められた時の鎌倉幕府の執権は誰ですか。**漢字4文字**で答えなさい。

問6　⑥について。（B）にあてはまる人物は誰ですか。正しいものを次の(ア)～(エ)から1つ選び，記号で答えなさい。

(ア)　千利休　　(イ)　雪舟　　(ウ)　栄西　　(エ)　近松門左衛門

問7　⑦について。桶狭間の戦いに勝利した織田信長と関係の深いものとして**ふさわしくないもの**を次の(ア)～(エ)から1つ選び，記号で答えなさい。

(ア)　長篠の戦い　　(イ)　延暦寺焼き討ち　　(ウ)　安土城　　(エ)　朝鮮出兵

問8　⑧について。この反乱を起こした人物は誰ですか。**漢字5文字**で答えなさい。

問9　⑨について。次のページの(ア)～(エ)はいずれも矢印C（前のページ）の時期におこったできごとですが，年代順に並べたものではありません。これを年代順に正しく並べかえたとき，**3番目**になるものはどれですか。記号で答えなさい。

(ア)　日本が韓国併合を行う

(イ)　日本とロシアがポーツマス条約を結ぶ

(ウ)　日本とイギリスが日英同盟を締結する

(エ)　日本と清が下関条約を結ぶ

問10　⑩について。終戦後にGHQが日本の民主化政策を行いました。その政策として**ふさわしくないもの**を次の(ア)～(エ)から1つ選び，記号で答えなさい。

(ア)　農地改革を行う

(イ)　財閥解体を行う

(ウ)　男子普通選挙を始める

(エ)　教育基本法を定める

問11　⑪について。国会に法律案を作成・提出する権限を**持っていない**のは，次の(ア)～(エ)のどれですか。1つ選び，記号で答えなさい。

(ア)　天皇　　(イ)　内閣　　(ウ)　衆議院議員　　(エ)　参議院議員

問12　⑪について。通常国会は，毎年何月に開かれますか。答えなさい。

問13　⑫について。2023年2月現在，参議院の議員定数は何人ですか。次の(ア)～(エ)の中から1つ選び，記号で答えなさい。

(ア)　242人　　(イ)　245人　　(ウ)　248人　　(エ)　251人

のはなぜですか。最も適当なものを次から選び、記号で答えなさい。

ア　弟を失った悲しみを多くの人に知ってほしかったから。

イ　被災者の役に立ちたいと思っていたから。

ウ　晴一の熱意と本気の姿勢に応えたかったから。

エ　晴一なら良い番組を作ってくれると信じたから。

**問11**　――線⑤「ゆうたくんがおらんでも大丈夫な自分」とありますが、これは広道のどんな状態をさしていますか。最も適当なものを次から選び、記号で答えなさい。

ア　弟を死なせた罪悪感から解放された状態。

イ　弟の死を乗り越えて、精神的に成長できた状態。

ウ　震災の記憶《きおく》が薄れて、弟の死を受け入れた状態。

エ　地震による死の恐怖と心の傷を克服した状態。

**問12**　本文の内容に合うものを次から二つ選び、それぞれ記号で答えなさい。

ア　広道は、晴一に会うまで被災の苦しみを一人で抱え込んでいた。

イ　広道は、悠太の身代わりとなって死んだ方がよかったと悔やんでいた。

ウ　広道は、自分の悩《なや》みを仕事に利用している晴一をわずらわしく感じた。

エ　晴一には、広道を主役にした悲劇を作る絶対の自信があった。

オ　晴一は、取材を通して広道と被災者の両方を救いたいと思った。

カ　晴一は、広道の心の傷をいやすことはできないとあきらめていた。

す、と伝えよう。
ここにいて、あなたを見ています。あなたという人を、ほんのすこし知っています。

（一穂ミチ『砂嵐に星屑』より）

＊ルーティン……決まった動作。日課。
＊街録……街頭インタビュー。　＊V……映像作品。
＊相方……いつも一緒にいる人。ともに何かをするもう一方の人。

問1　〰〰線a・b・d・eのカタカナを漢字に直しなさい。

問2　〰〰線c「平等」と異なる構成になっている熟語を次から選び、記号で答えなさい。

ア　飲食　イ　満足　ウ　存在　エ　調整　オ　将軍

問3　[1]・[2]・[3]・[4]に入る適当な言葉を次から選び、それぞれ記号で答えなさい

ア　ゆっくりと　イ　ぱっと　ウ　すくっと
エ　ちょっと　オ　ぱちっと　カ　さっさと

問4　[5]・[6]・[7]・[8]に入る適当な会話文を次から選び、それぞれ記号で答えなさい。

ア　なんでもできる人間ばっかとちゃいますから
イ　先のことは誰にもわからないよ!
ウ　いいと思います
エ　いいんじゃない?
オ　それはまずいなあ
カ　ほな、お疲《つか》れさまでした

問5　取材を受けることで生じる心の痛みをやわらげるため、広道はある行動を取っています。適当なものを次から二つ選び、記号で答えなさい。

ア　晴一を駅前の歩道橋に誘った。
イ　すらすら話せるように前もって準備していた。
ウ　晴一の質問に対して質問で返した。
エ　晴一の頼《たの》みに腹話術で答えた。
オ　次回の取材場所に神戸を選んだ。
カ　恋人ができない話題に切り替《か》えた。

問6　――線①「何でぼくに打ち明けてくれたんですか」とありますが、その理由にあたる部分を文中から三十四字で探して、初めと終わりの五字を答えなさい。

問7　――線②「二十四年近く経っても～置いていきたくないことがある」とありますが、それは何ですか。文中から十一字でぬき出しなさい。

問8　――線③「そういう人」が指す内容として最も適当なものを次から選び、記号で答えなさい。

ア　想像していた未来と違う最期《さいご》を迎《むか》えた人
イ　人生とは、運命とは何だろうと思う人
ウ　怒り、失望し、軽蔑している人
エ　あてどのない望みを抱いている人
オ　無理して変わる必要のある人

問9　――線④「知らない誰かの悲しみや後悔」とありますが、これを具体的に表現している部分を文中から三十一字で探して、初めと終わりの五字を答えなさい。

問10　晴一の願いを聞き入れて、広道がカメラの前で話すことを決めた

「ゆうたくん、どないしよか」

「[6]」

ゆうたくんの口がぱくぱく動いた。

「このお兄さん、どんくさすぎてかわいそうだもん」

「こら、何ちゅうこと言うんや」

「だって絶対テレビの仕事なんて向いてないし、最初はいやいや来てるの丸わかりだったよね。それが、追い込まれただけかもしれないけど、自発的にやりたいって言えるようになったんだから進歩だよ」

「せやな」

「将来有名なディレクターになったら『わしらが育てた』って言おうね」

「ならへんて」

「[7]」

「それもそうやな……ちゅうわけでOKです」

「よろしくね！」

かくり、とゆうたくんにお辞儀《じぎ》をさせてから、照れくさそうに「茶番お見せしてすいません」と頭を下げた。深刻になりすぎないように振《ふ》る舞《ま》ってくれたのだとわかっていた。

「いえ、ありがとうございます」

その話をするのならやっぱり神戸《こうべ》だろう、明るい時間帯にどこかでロケをしよう、ということになり、次の日程だけ約束した。

（中略）

歩道橋の上で別れる前、広道が「これはまじでテレビには出されへん話」と前置きして、言った。

「彼女《かのじょ》できたことないって言うたでしょ。ぼくね、慢性的《まんせいてき》な不眠症《ふみんしょう》で、特に人と一緒《いっしょ》に寝られへんのです。朝起きたら死んでんちゃうかって怖くて動悸《どうき》がしてくる。ゆうたくんを抱《だ》っこして寝たら、やっと朝まで熟《じゅく》睡《すい》できるようになったんです。思い込みかもしれへんけど、弟にちょっと e ニてててね。せやから今も毎晩一緒に寝てます。そんな男いやでしょ」

ぽんぽん、とボストンバッグ越《ご》しにやさしくゆうたくんを撫《な》でる。

「病院に行くべきなんかもしれませんけど、ぼく、いやなんです、⑤ゆうたくんがおらんでも大丈夫《だいじょうぶ》な自分を嫌いになると思う。『心のケア』なんかしていらん。治りたくない、忘れたくないんです。せやからこのまま、ひとりでもええんです」

晴一は、あれこれ考えなかった。「[8]」と答えた。トラウマとかカウンセリングとか、そんな小難しい言葉は必要ない。

「彼女つくるよりゆうたくんが大切でも、全然ありですよ。無理して変わる必要ないです」

傷は傷のまま、悲しみは悲しみのまま。時は流れ、「あの日」は巡《めぐ》り、不在の思い出が胸の中だけに降り積もる。

「ありがとう」

広道の笑顔《えがお》の下で車の列が流れ、足元がすこし揺れた。ほっとしたような笑顔だった。晴一には何の権力も権限もないのに、こんな自分の言葉でわずかでも安心してくれた。広道が背を向けて歩き出す。晴一は、自分が吐《は》き出した白い息の向こうで遠ざかる後ろ姿を見送った。いつものように立ち去るタイミングをはかることなく、見えなくなるまで見ていようと思った。もし広道が振り返ったら軽く手を振り、ここにいま

が話し上手だというだけでなく、「あの朝」と「前の夜」を数え切れないほど頭の中で再生してきたからだと思った。片手はつめたい手すりの上で握《にぎ》り拳《こぶし》を作り、もう片方の手にはゆうたくんを提《さ》げて。

「いつもと同じやったら、ぼくが意地悪せえへんかったら、逆やったんです。ぼくが死んで悠太が生き残った。ほんのちょっと日常の＊ルーティンがずれた時に限ってあんな大地震が起こるなんて、そんなん、誰《だれ》が思いますか。誰にわかるんですか。人生って、運命って何やねんって思いませんか。最後に聞いたのは悠太の泣き声で、最後に悠太に思ったんが、うるさい、しつこい、で」

はいもいいえも、広道は求めていない気がした。どちらを突《つ》き詰《つ》めようが「弟だけが死んだ」現実を納得《なっとく》できるわけがない。それでも問わずにいられないのだ。どうしてあの子が、と。

「……その話、誰かにされたことありますか」

「ないですねえ。親は、言うても絶対にぼくをｄせめないのわかってますし。何もならんでしょ」

「ほな、何で①ぼくに打ち明けてくれたんですか」

「何ででしょうねえ」

広道は困ったように笑う。

「新しい元号のニュース見て、何や、ほんまに平成終わるんやなあ、って。平成が終わったら、震災のことも歴史の年表の一行に閉じ込《こ》められて、誰もぼくと悠太のことを知らんまま時代が変わるっていう焦《あせ》りが急に湧《わ》いたんです。毎年、十二月から一月十七日にかけてはちょっと情緒《じょうちょ》不安定になるんですけど……せやからまあ、タイミングですわ。それにしても人選があれやなあって思わんでもなかったけど、あのままスルーしてしまわんと、調べてくれてありがとうございます。……悠太のこと、知ってくれてありがとう」

考えるより先に、口から出ていた。「今の話、使わしてください」と。

広道が［４］こちらを見る。静かな眼差《まなざ》しにひそんでいるのは怒りや失望や軽蔑《けいべつ》かもしれない。それでも言わなければならないと思った。

「カメラの前で話してください。②二十四年近く経《た》っても受け入れられへんかった、平成が終わるけどまだ忘れられへんことが、平成に置《お》いていきたくないことがあるって。きっと、並木さんの他にも同じような人がいっぱいおると思います。③そういう人に……ひとりでも届いたらいいなって思ったんです。＊街録もようせんヘタレですけど、やってみたいんです。他のディレクターの手も借りて、できるだけいいものにしますから」

今聞いた広道の声をとどめ、残したいと思った。④知らない誰かの悲しみや後悔《こうかい》に爪《つめ》の先でも届けばいいと思った。ディレクターとして半人前にも満たない晴一には分不相応な、星に手紙を出すようなあてどのない望みかもしれなくても。晴一ひとりでは無理でも池尻《いけじり》や中島が助けてくれる。ひょっとしたら俺は、恵《めぐ》まれてるんかもしれへん。

「……ぼくがコトワったらどうなります？」

「見どころの薄《うす》い＊Ｖ作って怒られると思います」

正直に白状すると「［５］」とボストンバッグを軽く持ち上げて話しかける。

「＊相方に訊いてみますわ」

チャックを開けてゆうたくんを取り出すと、バッグを晴一に手渡《てわた》していつもするように抱《かか》えた。

三　次の文章を読んで、後の問に答えなさい。なお、句読点・記号は字数に数えます。

大阪のテレビ局でディレクター（番組制作者）を務める堤晴一《つつみせいいち》は、腹話術師の並木広道《なみきひろみち》を取材することになった。広道は腹話術で使う人形の「ゆうたくん」を、周囲の人々が困惑《こんわく》するほど大切に扱《あつか》っていた。晴一は取材を進めていく中で、広道が幼い頃《ころ》に「阪神淡路大震災《はんしんあわじだいしんさい》（一九九四年一月十七日）」で被災《ひさい》していることを知った。

阪急梅田駅のＢＩＧＭＡＮ前で待ち合わせだった。約束の七時半よりすこし遅《おく》れて広道がやってくると晴一は真っ先にボストンバッグを見て「ゆうたくん」と言った。

「弟さん、ですか」

出会い頭《がしら》に切り出さないと訊《き》けなくなる気がした。広道は［1］目を見開き、それから「はい」と素直《すなお》に頷《うなず》く。

「すごいな、何でわかったんですか」

「一件だけ、昔の新聞記事見つけて」

「そうなんですね。取材とかは全部 aコトワってたのに、情報が出てるもんなんですね」

改札前の大型モニターにはきらびやかな宝塚《たからづか》歌劇の映像が流れ、阪急三番街はいたるところクリスマスのディスプレイやバーゲンの広告であふれていた。ほんの一ヵ月前には彩美《あやみ》と「クリスマスどうする？」と話し合っていたのに、思い描《えが》いていた未来とまったく違《ちが》う「今」にいる。こんなはずじゃなかった、ここにいるはずの人を失った、という思いは、行き交《か》う人々の中にもきっとあるだろう。広道はにこやかさを保ったまま「こないだの歩道橋、行きませんか」と誘《さそ》う。あちこちに枝分かれした歩道橋の、ＪＲ大阪駅南口改札につながる階段前では路上シンガーがオリジナルかカバーかわからないバラードを熱唱していた。階段を上り、手すりにもたれるとそのへたくそな歌や車のクラクション、横断歩道の「ぴっぽう、ぴっぽう」という電子音がごっちゃに bマざる。大阪駅のアナウンスもかすかに聞こえた。静かな場所じゃないのが却《かえ》っていいと思えた。互《たが》いに気楽だ。

「いつも悠太《ゆうた》と同じ布団《ふとん》で寝《ね》てました」

扇町通《おうぎまちどおり》を見下ろして広道が言う。

「あの日は……前の晩、［2］兄弟喧嘩《げんか》したんです。お風呂《ふろ》の順番とかそんなどうでもええことがきっかけで母親から一方的に怒《おこ》られて、寝る時になってもぼくはまだ弟にむかついとったんです。それで、いつもと違う、扉《とびら》に近いほうのポジションに陣取《じんど》りました。弟は窓の近くが嫌《きら》いやったんです。カーテンがひらひらすんのがお化けみたいで怖《こわ》い言うて……せやから当然『お兄ちゃんそっちと代わって』ってべそかいてました。でもぼくは意固地になって『さっきはお前がえこひいきされとったやろ』って譲《ゆず》りませんでした。兄貴やからいうてあれもこれも自分の意見が通らん、っていう不満が溜《た》まってたんでしょうね、もちろん親は c平等に育ててくれてたと思うんですけど……。弟は、一階で寝てる両親にチクりにいくこともなくて、しばらくぐずぐずべそかいてましたけど、じきに静かになりました。ぼくはそれを背中向けて聞いてて、いつの間にか寝て……この世の終わりかと思うような揺《ゆ》れで［3］跳《は》ね起きた瞬間《しゅんかん》、頭の方角にあったたんすが倒《たお》れてきました」

あらかじめ話す用意をしていたかのように流暢《りゅうちょう》な語り口だった。広道

Ⅱ「気心が知れている人」

ア　自分を理解してくれる人　　イ　同じような考えを持つ人
ウ　いつも一緒にいる人　　エ　間がらが親密である人

問4　――線①「人間には、同じ～存在が必要」とありますが、なぜコフートはそのような存在が必要だと主張したのですか。文中の言葉を使って十五字以内で答えなさい。

問5　――線②「お互いの関係性が公平な親友」とはどのような人物ですか。それが書かれている一文をぬき出し、始めの五字を答えなさい。

問6　――線③「一匹狼タイプの～自由に生きられる」とありますが、その理由として最も適当なものを次から選び、記号で答えなさい。

ア　本音でつきあえる親友がいることで、ありのままの自分でいることの不安がなくなるから。
イ　近くに親友がいてくれれば、自分のまちがいをすぐに指摘《してき》してくれる安心感があるから。
ウ　親友に長所を見つけてもらっているおかげで、他の友だちに迷惑をかける心配がないから。
エ　親友との本音の会話のやりとりで、相手に嫌われることのない言動が身についているから。

問7　――線④「1人で食事を～するという行為」とありますが、その理由として最も適当なものを次から選び、記号で答えなさい。

ア　自分が人間として存在価値がないと思い込み、また周囲の人がそのことに気づいてしまうことを恐れているから。
イ　自分に友人がいないという欠陥のある人間であることを周囲の人に気づかれることに不安を持っているから。
ウ　食事をするという行為で、自分に人間としての価値があるかないかを決められることは不本意なことだから。
エ　一人で静かに食事をしたいのに、みんなと食事をしないことで価値のない人間だと決めつけられるのはいやだから。

問8　――線⑤「私から見れば、大きなお世話のように思えます」とありますが、その理由として最も適当なものを次から選び、記号で答えなさい。

ア　友だちがたくさんいることで、むしろ精神的に疲れてしまうから。
イ　本当に仲間はずれなのではなく、少数の親友ならば必ずいるから。
ウ　親友といえる友人は、現実には1人か2人程度しかできないから。
エ　本音で付き合うことのできる親友は、少数であっても問題ないから。

問9　本文の内容に合うものとして最も適当なものを次から選び、記号で答えなさい。

ア　自分の考えがどんなにまちかっていても支えてくれる親友がいれば、「このままでいいのだ」という安心感が持てる。
イ　嫌われないように気を遣っているSNSでの友だちは、どんなにこまめに返信をくり返しても親友にはなれない。
ウ　友だちの数の多さで人間の価値は決められないので、多数の人と仲よくしなければいけないと考える必要はない。
エ　「友だちが多くなければいけない」という考え方が、1人での食事を許さないという空気を作り出してしまった。

20代、もしかすると30代以上の大人にもあるかもしれません。

十数年前に「便所飯《べんじょめし》」とか「トイレでぼっち飯《めし》」といったキーワードが話題になったことがありますが、これは学校や会社で一緒《いっしょ》にランチをとる相手のいない人が、④1人で食事をする姿を他の人に見られないように、トイレなどの個室で食事するという行為《こうい》のこと。

なかには、1人で食べる姿を見られるのを嫌がるあまり、ランチをとること自体を諦《あきら》める人もいるそうです。

彼らがトイレで食事をするのは、孤独《こどく》を楽しんでいるからではありません。

ランチを一緒にとる相手のいない自分は、「人間としての価値がないのではないか」という強い不安を持っているからです。また、そうした姿を周囲にさらすことによって、周囲の人に自分を価値のない人間だと思われてしまうのではないかという恐《おそ》れもあります。

こうした現象が、ある程度は一般的なものとして語られていることを考えると、「友だちが少ない＝欠陥《けっかん》のある人」といった思い込みを持つ人も一定数存在するといえるでしょう。

（中　略）

しかしある時期から、日本の学校には「仲間はずれ禁止教育」が導入され、クラスでぽつんと1人だけ仲間はずれになっているような生徒がいれば、教師が積極的に介入《かいにゅう》して人間関係の面倒《めんどう》まで見るようになったのです。

⑤私から見れば、大きなお世話のように思えますが、とにかくそうやって表面上は仲間はずれがないクラスであるかのように装《よそお》うようになりました。

なぜなら、教育の現場では「子どもを傷つけない」ことが重要視されるようになったからです。

子どもたちに仲間はずれを許していたら、子どもの心が傷ついてしまうというわけです。

そのうち、子どもたちにも「みんなと仲良くするのがいいこと」「友だちは多ければ多いほどいい」といった考え方が定着していきました。

その考え方が次第に強化されていった結果、「みんなと仲よくできないとだめ」とか「友だちが多くなければいけない」という空気を生み出してしまったのではないかと思っています。

（和田秀樹『みんなに好かれなくていい』より）

＊SNS……LINE・ツイッター・インスタグラムなどの総称《そうしょう》。

問1　[1]～[4]に入る最も適当な言葉を次から選び、記号で答えなさい。

ア　精神的　イ　決定的　ウ　感傷的　エ　客観的

オ　主観的　カ　一般的

問2　[5]～[8]に入る最も適当な言葉を次から選び、記号で答えなさい。

ア　あるいは　イ　ところで　ウ　そこで　エ　つまり

オ　ところが

問3　＝＝線Ｉ「うかつなこと」・Ⅱ「気心が知れている人」の意味として最も適当なものをそれぞれ次から選び、記号で答えなさい。

Ｉ「うかつなこと」

ア　すぐに、うそだとわかること　イ　注意の足りないこと

ウ　知ったかぶりすること　エ　反感を持たれること

また、親友はいざというときに［3］な支えになってくれる存在でもあります。困ったときに声をかけてくれるような存在です。

このように考えてみると、［4］には友だちも持たないような一匹《いっぴき》狼《おおかみ》タイプの人のほうが自由に生きられるというイメージがあるかもしれませんが、実際には③一匹狼タイプの人間よりも、親友がいる人のほうが自分らしく、つまり自由に生きられるのではないかと思うのです。

では、親友はどんな人でもいいのかといえば、それは違《ちが》います。

孤独への不安があると同時に、私たちは「ありのままの自分でいたい」「自分の好きなように生きたい」という願望も持っています。

たとえば、自分のちょっとした言動で相手を怒《おこ》らせたら大変なことになるという関係性の人とは安心して話すことができませんよね。いつも相手に嫌《きら》われないように気を遣《つか》っている状態では、精神的にも疲《つか》れてしまいます。

そうかといって、こちらの言葉に何でも「いいね」しか言わないような友だちであれば、この人は自分のことをきちんと見てくれているのだろうかと心配になってしまうでしょう。

自分も相手も、ある程度は本音で話せて「素」の自分でいることが許され、いいときにも悪いときにも正直に言ってくれて、お互いに困ったときには支えになるような存在。それが本当の親友といえます。

また、先ほど人間の本能の話をしましたが、これは「たくさんの人と仲よくしたい」ということとは違います。

むしろ、たくさんの友だちがいても、それぞれの人としっかり向き合えていない場合は、相手の本音もわかりません。

たぶん今のところはたくさんの友だちに好かれていると思うけれど、実際にはその確信はない、今後もどうなるかわからないという状態であれば、人間関係に不安を感じてしまうのは当然です。

［5］、「友だちみんなに嫌われないようにしておこう。そうすれば安心していられる」という発想になります。

そのせいで、Ⅰうかつなことは言わないようにしようとか、それほど興味もないのに、みんなが見ているYouTubeや動画をチェックしておこうとか、*SNSでこまめに返信しなきゃいけないとか、とにかく「やらなければいけないこと」が増えて、精神的に疲れてしまうのです。

その反対に、親友だと思える人の数が1人、あるいは2人程度であっても、それぞれの相手としっかりと向き合えていて、相手のことを信じられるなら、人間関係のしんどさはそれほど感じていないはずです。

自分も相手のことを深く信頼《しんらい》できているし、相手も自分のことを嫌いではないという確信があれば、多少うかつなことを言って相手を怒らせたとしても、仲間はずれまではされないだろうと思えるからです。

［6］、人は本当の自分のことをわかってくれない友だちが１００人いるよりも、本音を話せるような親友が1人でもいれば安心できるということです。友だちの数が多いか少ないかよりも、Ⅱ気心が知れている人がいるかどうかが問題なのです。

［7］、自分にとってどうでもいいような友だちでも単純にその数が減ることを怖《こわ》がっているのが、今の子どもたちの問題ではないかと思っています。

［8］、今の子どもたちには「人から好かれたい」ではなく、「みんなから嫌われたくない」という思いのほうが強いようですが、こうした思いが強いのは10代だけではありません。

## 【国　語】（五〇分）〈満点：一〇〇点〉

一　次の各問に答えなさい。

問1　次の（　）の中に対義語となる適当な漢字を入れなさい。

①　実物 ⇔ （　）型

②　河口 ⇔ 水（　）

問2　次の太い画のところは筆順の何画目ですか。算用数字で答えなさい。

①　

②　

問3　□に漢字を入れると矢印の方向に熟語が4つできます。□に入る漢字を答えなさい。

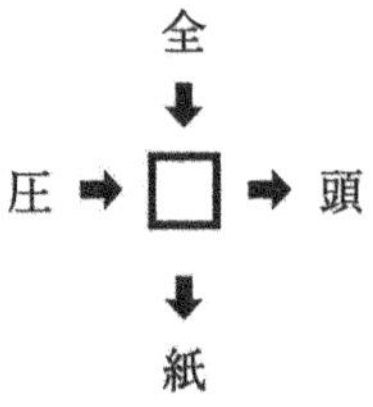


二　次の文章を読んで、後の問に答えなさい。なお、句読点・記号は字数に数えます。

友だちは孤独《こどく》に対する不安を埋《う》めてくれる存在ですが、それだけではありません。

親友を持つ意義は他にもたくさんあります。

まず、親友は自分を［1］に見てくれる存在だということです。

どんな人でも自分の行動や考えが正しいかどうか迷うときがあると思いますが、親友は、自分がやっていることに対して他の人がどう思うのかというモニターの機能を果たしてくれる存在になります。

現代アメリカでもっとも人気のある精神分析《ぶんせき》理論である、自己心理学の創始者ハインツ・コフートは、①人間には、同じ人間なのだと感じさせてくれる双子《ふたご》のような存在が必要だと晩年になって主張しました。

自分が仲間はずれにされているときとか、自分の考えが異常なのではないかと不安に感じるときに、私だけはあなたの仲間だよとか、私も同じ考えだよと言ってくれる親友が一人でもいれば、自分も同じ人間なんだ、自分は異常ではないと思えて、生きることに自信が持てます。

このようにありのままの自分を受け入れてもらうことで、ほかの人と付き合うときに、自分はおかしいかもしれないという不安を感じなくて済むようになり、人間関係が広がっていくのです。

もちろん親との関係性も非常に大事ですが、自分の心身の変化が激しい思春期には特に、②お互《たが》いの関係性が公平な親友が大切だと私は思っています。

けんかをしても［2］な仲間割れにはならないような親友が1人でもいれば、本音を言い合うことができます。本音を言い合うことができれば、「自分はこのままでいいのだ」という安心感を持つことができます。

そうした親友は、あなた自身が気づかなかった長所や取り柄《え》を見つけてくれることもあるでしょう。

# 2023年度

# 解　答　と　解　説

《2023年度の配点は解答欄に掲載してあります。》

## ＜算数解答＞

1　(1)　268　(2)　$\frac{3}{5}$　(3)　10.1　(4)　19.26　(5)　$\frac{1}{2}$

2　(1)　200g　(2)　48分　(3)　7.5cm　(4)　70円　(5)　$114\text{cm}^2$

3　(1)　506番目　(2)　40番目

4　(1)　$57.72\text{cm}^3$　(2)　$94.28\text{cm}^2$

5　(1)　7分　(2)　分速60m　(3)　5分間

6　(1)　3.5点　(2)　24度　(3)　5点　0人，6点　8人，9点　2人，10点　0人

○推定配点○

各5点×20(6(3)完答)　計100点

## ＜算数解説＞

基本　1　(四則計算)

(1)　$75\times4-2\times(9+7)=300-32=268$

(2)　$\frac{7}{4}\times\frac{6}{5}-\frac{10}{3}\times\frac{9}{20}=\frac{21}{10}-\frac{3}{2}=\frac{3}{5}$

(3)　$5.7+14.3\div\left(\frac{13}{7}\times\frac{21}{4}\right)\times3=5.7+14.3\times\frac{4}{39}\times3=5.7+\frac{143}{10}\times\frac{4}{13}=5.7+\frac{22}{5}=10.1$

(4)　$1.07\times3\div1.5+1.07\times2\times5+1.07\times10\times0.6=1.07\times2+1.07\times10+1.07\times6=1.07\times18=19.26$

(5)　$(0.4\div\square)\times\frac{5}{2}=5-3=2$　$0.4\div\square=2\div\frac{5}{2}=\frac{4}{5}$　$\frac{2}{5}\div\square=\frac{4}{5}$　$\square=\frac{1}{2}$

2　(食塩水の濃度，速さと比，面積と比，消去算，平面図形)

重要　(1)　右図㋐の面積と㋑の面積が等しいことから，8%の食塩水と15%の食塩水の重さの比は(10%−8%)：(15%−10%)＝2：5の逆比であり，5：2　したがって15%の食塩水は$500\div5\times2=200$(g)

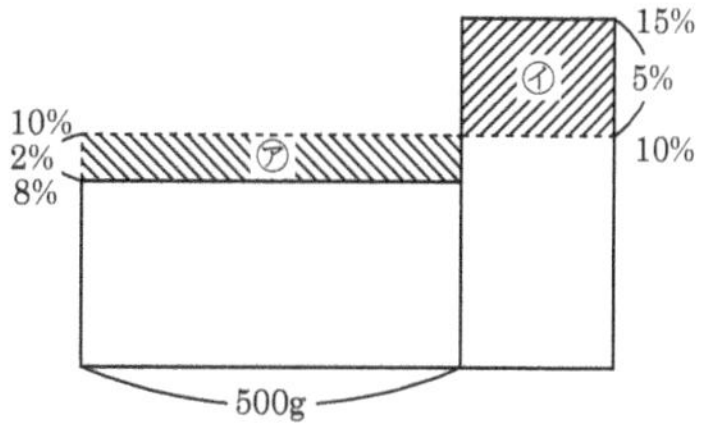


重要　(2)　一郎君と太郎君の速さの比が4：7なので，かかった時間の比は逆比の7：4　太郎君は一郎君より36分早く着いたことから，$7-4=3$が36分に相当する。したがって，太郎君がA地点からB地点まで行くのにかかった時間は$36\div3\times4=48$(分)

基本　(3)　長方形の周りの長さが32cmより，たてと横の長さの和は$32\div2=16$(cm)　たてと横の長さの比が3：5より，たての長さは$16\div8\times3=6$(cm)，横の長さは$16\div8\times5=10$(cm)，長方形の面積は$6\times10=60(\text{cm}^2)$　面積を変えずにたての長さを2cm長くするとたての長さは$6+2=8$(cm)であり，横の長さは$60\div8=7.5$(cm)

基本　(4)　りんご1個の値段はみかん1個の値段よりも20円高いことから，りんご10個の値段はみかん10

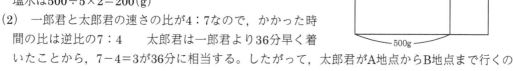

個の値段よりも20×10＝200(円)高く，りんご10個とみかん5個の値段はみかん15個の値段よりも200円高い。りんご10個とみかん5個の値段は1250円より，みかん15個の値段は1250－200＝1050(円)　したがって，みかん1個の値段は1050÷15＝70(円)

重要　(5)　右図の通り，色を付けた部分の面積は半径10cmの円から対角線の長さが20cmの正方形を除いた部分の面積と等しい。したがって，10×10×3.14－20×20÷2＝114($cm^2$)

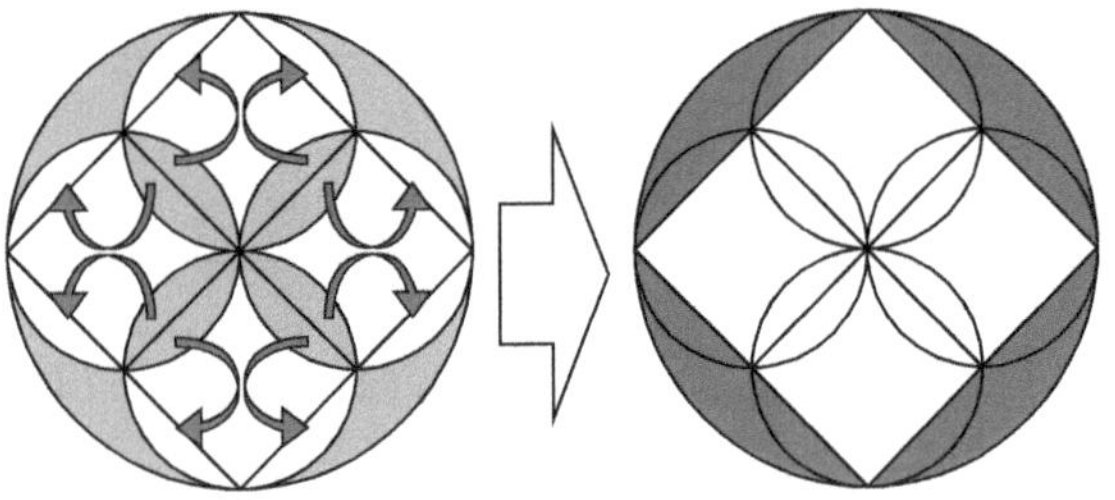

3　(規則性)

基本　(1)　4つずつの組になっているので，2022÷4＝505…2より2022は505＋1＝506(番目)の組に含まれる。

重要　(2)　それぞれの組の合計は間の2つの数の平均の4倍となっている(例えば1組目の合計は間の数2と3の平均2.5の4倍である10であり，2組目の合計は間の数6と7の平均6.5の4倍である26である)。合計が634になるのは間の2つの数の平均が634÷4＝158.5の時であり，間の2つの数は158と159　したがって，この組は【157，158，159，160】の組であり，これは160÷4＝40(番目)の組

基本　4　(立体図形，体積・表面積)

(1)　1辺が4cmの立方体の体積…4×4×4＝64($cm^3$)　半径2cm，高さ2cmの円柱の$\frac{1}{4}$の体積…2×2×3.14×2×$\frac{1}{4}$＝6.28($cm^3$)　したがって，この立体の体積は64－6.28＝57.72($cm^3$)

(2)　1辺が4cmの立方体の表面積…4×4×6＝96($cm^2$)　求める表面積はここから一辺2cmの正方形を2枚除き，円柱の側面積の$\frac{1}{4}$を加えたものとなる。円柱の側面積の$\frac{1}{4}$は4×3.14×2×$\frac{1}{4}$＝6.28($cm^2$)　したがって，求める表面積は96－4×2＋6.28＝94.28($cm^2$)

重要　5　(速さ，グラフ)

(1)　グラフから，学校を出て4分後にAさんは忘れ物に気付き学校に戻り，8分後に学校に到着し，11分後に学校を出て再び駅へ向かったことがわかる。したがって，Aさんが忘れ物に気付いてから駅に向かい始めるまで11－4＝7(分)

(2)　Aさんが学校にいる8~11分の間，2人の距離はBさんの歩く速さで広がることから，この時のBさんの歩く速さは分速(660－480)÷(11－8)＝60(m)。Bさんは学校を出てから歩く速さを変えていないため，2人の歩く速さは分速60m。

(3)　Bさんが本屋にいる間，2人の距離はAさんの歩く速度である分速60＋40＝100(m)で縮まることより，Bさんが本屋にいた時間は(620－120)÷100＝5(分間)

やや難　6　(統計・グラフ)

(1)　グラフより1点は3人，2点は6人，3点は6人いることがわかり，3点以下の生徒は15人。4点に2人いるので，中央値は15番目と16番目の生徒の平均である(3＋4)÷2＝3.5(点)

(2)　4点は2人であり，全体の$\frac{2}{30}$の割合。したがって，円グラフに表すと，4点の部分の中心角は360×$\frac{2}{30}$＝24(度)

(3)　最大値が9点より，10点の生徒は0であり，9点の生徒は1人以上ということがわかる。グラフからわかるのは1点：3人，2点：6人，3点：6人，4点：2人，7点：2人，8点：1人であり，5点，6点，9点の生徒はあわせて10人であることがわかる。平均値が4.3点より全生徒の点数の合計は4.3×30＝129(点)。1点，2点，3点，4点，7点，8点だった生徒の点数の合計は1×3＋2×6＋3×

6＋4×2＋7×2＋8×1＝63(点)であり，残り129－63＝66(点)が5点，6点，9点の10人の点数の合計。最頻値が6点であることより，6点の生徒は6人以上であり，残り10－6＝4(人)の合計点が66－6×6＝30(点)となる必要がある。このような5点，6点，9点の組み合わせは6(点)×2(人)＋9(点)×2(人)であり，5点：0人，6点：6＋2＝8(人)，9点：2人，10点：0人ということがわかる。

**★ワンポイントアドバイス★**

5はグラフの読み取りの問題。問題文と見比べて，グラフに変化が起きるのはどの時か，確認しよう。6は用語についてきちんと理解できているだろうか。平均値，最大値はわかったとしても最頻値や中央値の定義についても把握しておくとともにグラフの種類も押さえておこう。

## ＜理科解答＞

1　(1)　イ，エ　(2)　0mA　(3)　ウ　(4)　a　×　b　○　c　×

2　(1)　①　ウ，エ，オ　②　ア，エ　③　イ　(2)　①　ア　②　エ[ウ]

(3)　①　b　②

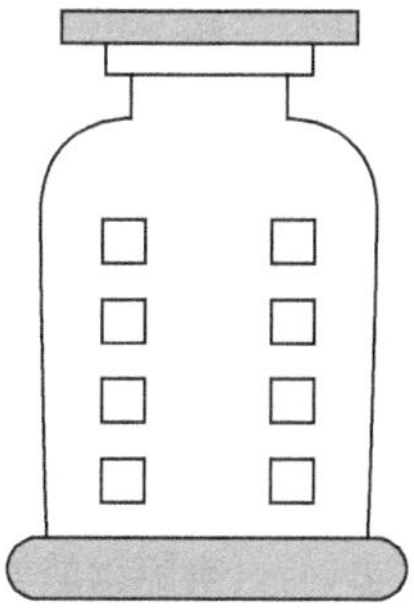

3　(1)　(ア)　関節　(イ)　腱　(2)　c　(3)　d　(4)　c

4　(1)　イ，カ　(2)　ア　(3)　ウ　(4)　完全変態　(5)　イ，エ

(6)

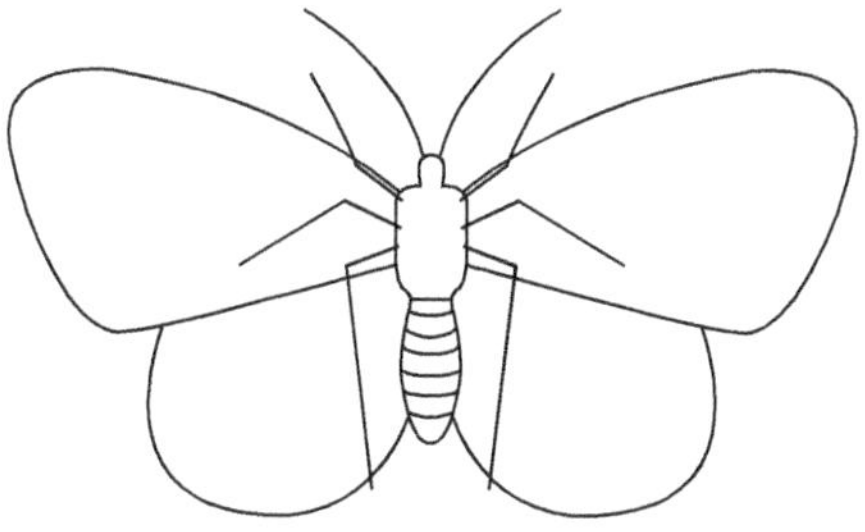

5　(1)　①　(2)　エ　(3)　イ　(4)　ア，エ，カ　(5)　アメダス

○推定配点○

1　(1)，(2)　各1点×2　他　各2点×4　2　(3)②　2点　他　各1点×6

3　各2点×5　4　各2点×6　5　各2点×5　計50点

## ＜理科解説＞

**1 （回路と電流―LED電球）**

（1） 実験1よりイが正しいことがわかる。実験2よりエが正しいことがわかる。ア，ウ，オに関しては，どちらの実験からも判断もない。

基本 （2） LED電球は，電流の向きを逆にすると電流が流れず点灯しない。電流が流れていないので電流計の読みは0mAである。

重要 （3） LED電球が光るためには，乾電池2個を直列につないで大きな電流を流さないといけない。アでは電池を並列につないでいるので，電池1個分と同じ電流になり点灯しない。イでは電池の向きが逆なので点灯せず，エでは電池1個分の電流しか流れないので点灯しない。ウの回路では，それぞれのLED電球に点灯するのに十分な電流が流れる。

（4） （a） スイッチ①だけを入れたとき，右側のLED電球の短い足の方に電池の＋極がつながるので，回路に電流が流れず点灯しない。 （b） スイッチ②だけを入れたときは，1個のLED電球に電池2個が直列につながるので点灯する。 （c） スイッチ③だけを入れたときは，LED電球が2個直列につながり，回路を流れる電流が小さくなるので点灯しない。

**2 （気体の発生・性質―気体の性質，燃焼で生じる気体）**

重要 （1） ① 空気より軽い気体は，アンモニアと水素である。窒素も空気よりわずかに軽い。
② 燃料電池では，水素と酸素を用いて発電する。最近ではアンモニアを燃料として用いる燃料電池も開発されているので，ウとアの組み合わせも正解といえる。 ③ 二酸化炭素は水に溶けると炭酸水と呼ばれる酸性の水溶液になる。

基本 （2） ① 他の物質を燃やす性質を持つ気体は酸素である。 ② 5つの気体のうち燃焼する気体は水素である。アンモニアも燃焼する。

（3） ① ▲の気体は空気に含まれ，ろうそくが燃焼してその量が変わらないので窒素である。空気中に窒素は約80％含まれる。 ② 訂正された図1より，燃焼前の集気びん中の●は酸素であり，燃焼後の□は二酸化炭素である。燃焼の前後で●と□の数が等しくなるので，それにならって燃焼後の集気びん中に□を8個書き込めばよい。（実際は酸素の一部は二酸化炭素に，一部は水蒸気になるので使われた酸素と生じた二酸化炭素の数は等しくないが，図1を参考に答えるので上記のように考えてよい。）

**3 （人体―筋肉・関節）**

（1） （ア） 骨と骨はじん帯でつながり，その部分を関接という。 （イ） じん帯と骨を結び付ける硬くて白い繊維状の組織を腱（けん）という。

（2） 図は，腕を曲げるときに使う上腕二頭筋と呼ばれる筋肉の図であり，骨の下側に腕を伸ばすときに使う上腕三頭筋があるがこれは描かれていない。c の図は，上腕二頭筋が縮んで腕が曲がっている様子である。

重要 （3） 内臓や心臓を動かす筋肉は自分の意思では動かすことができない。これを不随意筋という。これらの筋肉は弱い力で，長時間働き続け，疲労は少ない。

（4） 親指の関節の2カ所と，薬指，小指のそれぞれの関節3カ所の合計8カ所を曲げることになる。

基本 **4 （動物―モンシロチョウ・昆虫）**

（1） モンシロチョウの幼虫はアブラナ科の植物を食べるので，卵はキャベツやダイコンの葉に産み付けられる。レタスはキク科の植物であり，卵は産みつけられない。

（2） モンシロチョウの卵の図はアである。

（3） モンシロチョウの卵は産卵直後は白く透き通っているが，徐々に黄色に変わっていく。

（4） さなぎの時期を経て成虫になるものを完全変態という。

(5)　さなぎの時期を経ないで成虫になるものを不完全変態という。セミ，バッタは不完全変態の昆虫である。

(6)　昆虫の体は，頭，胸，腹の3つにわかれており，3組6本の足は胸の部分から出る。

5　(気象―日本の気象)

基本　(1)　図1は等圧線が縦に並ぶ典型的な冬型の気圧配置である。このとき，日本列島では西高東低の気圧配置になり，日本海側から筋状の雲が流れ込むことが多い。図2の①にその映像が見られる。

基本　(2)　西高東低の気圧配置のとき北西の季節風が吹き，日本海側では大雪になることが多く，太平洋側は乾燥した晴天になることが多い。

(3)　図2の②では，前線が日本列島を横切っており，墨田区は雲の下で雨が降り続くと思われる。そのため，一日を通してほとんど気温が変わらない。

(4)　図2の③では台風が九州に接近していて，暴風警報，高潮警報，洪水注意報などの発生が考えられる。

基本　(5)　全国1300カ所の気象データを気象庁に送るシステムをアメダスという。

★ワンポイントアドバイス★

基本問題が大半であり理科のさまざまな分野の知識を広く問われるので，苦手分野をつくらないようにしよう。時間に対して問題数が多いので，解ける問題から解答すること。

## <社会解答>

1　問1　紀伊山地　　問2　(平野の名称)　十勝平野　　(工芸作物)　てんさい
問3　三陸海岸　　問4　(海の名称)　有明海　　(開発方法)　干拓　　問5　(ア)
問6　①　ウ　　②　ア　　問7　エ　　問8　(仕組み)　三権分立　　(記号)　(ア)

2　問1　卑弥呼　　問2　(イ)　　問3　B　　問4　(ウ)　　問5　北条泰時　　問6　(イ)
問7　(エ)　　問8　大塩平八郎　　問9　(イ)　　問10　(ウ)　　問11　(ア)
問12　毎年1月　　問13　(ウ)

○推定配点○

各2点×25　　計50点

## <社会解説>

1　(総合―地理と政治の融合問題)

問1　紀伊山地は，和歌山・三重・奈良の3つの県にまたがっている。

問2　てんさいは大部分が北海道で栽培されている。

問3　若狭湾や志摩半島もリアス海岸で有名である。

問4　有明海ではのりの養殖が盛んである。

基本　問5　冬は北西からの季節風の影響で，日本海側の降水(雪)量が多い。

問6　①　北海道がトップであることから，ウが正解となる。ほたて貝は冷水を好む。　②　広島県がトップであることから，アが正解となる。なお，「広島県，岡山県，宮城県」がかきの三大産地であることはおさえておきたい。

重要　問7　品目割合トップ「集積回路」であることと，「輸出総額」の水準からエが関西国際空港であることがわかる。なお，同様に集積回路が含まれているアは，成田国際空港である。集積回路(IC)は，軽量で製品価格が高いので，航空輸送が多い。

問8　(イ)と(ウ)は内閣，(エ)は裁判所の仕事である。

**2　(総合―歴史と政治の融合問題)**

問1　卑弥呼については中国の歴史書である「魏志倭人伝」の中に記載されている。

重要　問2　(ア)は607年，(イ)は743年，(ウ)は646年，(エ)は794年の出来事である。

問3　平将門は常陸国府を焼き払って，下野・上野の国府を襲撃して，自らを「新皇」と称した。

問4　平清盛は日宋貿易を行うにあたって大輪田泊を拠点とした。

問5　北条泰時は3代執権である。

問6　(ア)は茶道の完成者，(ウ)は臨済宗の開祖者，(エ)は浄瑠璃の作者である。

基本　問7　(エ)は豊臣秀吉が断行した。

問8　大塩平八郎は陽明学者であった。

問9　(ア)は1910年，(イ)は1905年，(ウ)は1902年，(エ)は1894年の出来事である。

重要　問10　(ウ)は1925年の出来事である。

問11　天皇の国事行為には内閣の助言と承認を必要とする。

問12　通常国会の会期は150日である。

基本　問13　参議院議員の任期は6年で，3年ごとに半数改選となる。

**★ワンポイントアドバイス★**

一つの大問の中に地理・歴史・政治の複数の分野の問題が同時に出題されていたりするので，傾向を踏まえた対策をしよう。

## ＜国語解答＞

一　問1　①　模　②　源　問2　①　9　②　11　問3　巻

二　問1　1　エ　2　イ　3　ア　4　カ　問2　5　ウ　6　エ　7　オ　8　イ
問3　Ⅰ　イ　Ⅱ　エ　問4　(例)　生きることに自信が持てるから。(15字)
問5　自分も相手　問6　ア　問7　ア　問8　エ　問9　ウ

三　問1　a　断　b　混　d　責　e　似　問2　オ　問3　1　オ　2　エ　3　イ
4　ア　問4　5　オ　6　エ　7　イ　8　ウ　問5　ア・エ
問6　誰もぼくと～急に湧いた　問7　「弟だけが死んだ」現実　問8　イ
問9　こんなはず～という思い　問10　ウ　問11　ウ　問12　ア・オ

○推定配点○

一　各1点×5　二　問1～問3　各2点×10　問4　5点　他　各4点×5

三　問1～問3　各1点×9　問4　各2点×4　問12　5点(完答)

他　各4点×7(問5完答)　計100点

## ＜国語解説＞

### 一 （空欄補充，反対語，漢字の書き取り）

重要 問1　にせものではない実際のものという意味の①の対義語は，実物をまねて作ったものという意味の「模型」。河川が海などに注ぐ所という意味の②の対義語は，川などの流れ出るおおもとという意味の「水源」。

やや難 問2　①は7画の「言(ごんべん)」→ノの次に太い画なので9画目。②の太い画は最後なので11画目。

基本 問3　上から時計回りに，「全巻」「巻頭」「巻紙」「圧巻」。

### 二 （論説文－要旨・大意・細部の読み取り，接続語，空欄補充，ことばの意味，記述力）

問1　1は特定の立場にとらわれずに物事を見たり考えたりするさまという意味のエ，2は物事がほぼ決まっているさまという意味のイ，3は心や精神の動きや状態に関するさまという意味のア，4は広く全体に通じるさまという意味のカがそれぞれ入る。ウは心が感じやすく涙もろいさま。オはエの対義語で，自分ひとりのものの見方や感じ方に基づくさま。

問2　5は直前の内容を理由とした内容が続いているのでウ，6は直前の内容を言いかえた内容が続いているのでエ，7は直前の内容とは反対の内容が続いているのでオ，8は新たな話題が続いているのでイがそれぞれ入る。

基本 問3　══線Ⅰはうっかりしていて注意や心の準備が足りないさまという意味なのでイが適当。Ⅱは仲が良く親密な関係の人という意味なのでエが適当。

重要 問4　——線①の説明として①直後の段落で，①の存在によって「生きることに自信が持てます」と述べていることをふまえて，コフートが①を主張した理由を指定字数以内で説明する。

問5　「自分も相手も……」で始まる段落で，——線②の「親友」について「自分も相手も，ある程度は本音で話せて『素』の自分でいることが許され，いいときにも悪いときにも正直に言ってくれて，お互いに困ったときには支えになるような存在。」という一文で説明している。

問6　「けんかを……」で始まる段落で，「親友が1人でもいれば，本音を言い合うことができ……『自分はこのままでいいのだ』という安心感を持つことができ」ると述べているので，このことをふまえたアが適当。この段落内容をふまえていない他の選択肢は不適当。

問7　——線④の理由として「ランチを……」で始まる段落で，「ランチを一緒にとる相手のいない自分……を周囲にさらすことによって……自分を価値のない人間だと思われてしまうのではないかという恐れもあ」ることを述べているので，アが適当。この段落内容をふまえていない他の選択肢は不適当。

重要 問8　——線⑤は「『仲間はずれ禁止教育』が導入され……教師が積極的に介入して人間関係の面倒まで見るようになった」ことに対するもので，「［6］……」で始まる段落で「本音を話せるような親友が1人でもいれば安心できる」ことを述べているのでエが適当。この段落内容をふまえていない他の選択肢は不適当。

やや難 問9　ウは「むしろ……」で始まる段落，「［6］……」で始まる段落などで述べている。アは「自分も相手も……」で始まる段落内容と合わない。イの「親友にはなれない」とは述べていない。エは「ランチを……」で始まる段落内容と合わない。

### 三 （小説－心情・情景・細部の読み取り，指示語，空欄補充，漢字の書き取り，熟語の構成）

基本 問1　～～線aの訓読みは他に「た(つ)」。bはさまざまなものが一緒になって区別できないこと。同訓異字で入りこんだ別のものが区別できることを表す「交ざる」と区別する。dの音読みは「セキ」。熟語は「重責」など。eの音読みは「ジ」。熟語は「類似」など。

問2　オのみ下の字が上の字の目的語になっている構成。～～線cと他の熟語は同じような意味の字を組み合わせた構成。

問3　1は目を大きくあけるさまを表すオ，2は程度がわずかであるさまを表わすエ，3はすばやく動作をするさまを表すイ，4は動作を急がず，時間をかけて行うさまを表すアがそれぞれ入る。

問4　5～7の会話を整理すると，広道に断られると，怒られると話す晴一→オ→相方の人形のゆうたくんに訊いてみる→エ→晴一は将来有名なディレクターにはならへんて，とも話す広道→イ→ゆうたくんの言うことに納得する広道，という流れになる。8には，8後で8直前の広道の話をそのまま受け止めて肯定しているので，ウが入る。

重要　問5「改札前の……」で始まる場面で，晴一を歩道橋に誘ったのは「静かな場所じゃないのが却っていいと思えた」という広道の心情が描かれているのでアは適当。エも「『相方に……』」で始まる広道とゆうたくんのやりとりで描かれている。「……用意をしていたかのように」とあるのでイは不適当。晴一の質問に答えているのでウも不適当。「神戸」は晴一と決めているのでオも不適当。広道の正直な思いであるカも不適当。

問6　――線①の理由として①直後のせりふで「『誰もぼくと悠太のことを知らんまま時代が終わるっていう焦りが急に湧いた(34字)』」ということを広道は話している。

問7　――線②は「はいも……」で始まる段落の「『弟だけが死んだ』現実(11字)」のことである。

重要　問8　――線③は「『いつもと……』」で始まるせりふで「『人生って，運命って何やねんって思いませんか』」と話す広道と「『同じような人』」のことなので，イが適当。「『並木さんの他にも同じような人』」として広道のせりふをふまえていない他の選択肢は不適当。

問9「改札前の……」で始まる段落で，晴一自身の経験を通して「こんなはずじゃなかった，ここにいるはずの人を失った，という思い(31字)は行き交う人々の中にもきっとあるだろう」という晴一の心情が描かれている。

問10「『新しい元号の……』」で始まるせりふで，「『……あのままスルーしてしまわんと，調べてくれてありがとうございます。……悠太のこと，知ってくれてありがとう』」と伝えていることからウが適当。晴一のことを説明していないア・イは不適当。「良い番組を作ってくれる」とあるエも不適当。

重要　問11　――線⑤後の「『……忘れたくない……』」は，震災の記憶と生きていた悠太に対するものなのでウが適当。広道の「忘れたくない」という思いをふまえていない他の選択肢は不適当。

やや難　問12　アは震災の日の話を誰かに話したかと聞かれ「『ないですねぇ』」と答える広道のせりふなどから，オは「『カメラの……』」から続く2段落で描かれている晴一のせりふや心情から読み取れる。イは「『いつもと……』」から続く2段落内容，ウは「『だって……』」で始まるゆうたくんのせりふに合わない。エの「広道を主役にした悲劇を作る」，カの「あきらめていた」も不適当。

**★ワンポイントアドバイス★**

論説文では，具体例前後で述べている筆者の考えを，特に注意して読み取っていこう。

データ対応

収録から外れてしまった年度の
問題・解答解説・解答用紙を弊社ホームページで公開しております。
巻頭ページ＜収録内容＞下方のQRコードからアクセス可。

※都合によりホームページでの公開ができない内容については，
次ページ以降に収録しております。

最も適当なものを次から選び、記号で答えなさい。

ア　あきらめる気持ち　　イ　おどろきあきれる気持ち

ウ　聞き入れられない気持ち　　エ　強がってみせる気持ち

問4　＝＝線Ⅲ「だいそれた」の意味として最も適当なものを次から選び、記号で答えなさい。

ア　あいまいな　　イ　近寄りがたい

ウ　とてつもない　　エ　面倒《めんどう》な

問5　――線①「七年間も～おかげだな」とありますが、「星那」が仕事を続けてこられたのは、「課長」がどのような性格の持ち主だったからですか。文中から二十字でぬき出しなさい。

問6　「課長」の仕事の進め方の特徴《とくちょう》を文中から十八字でぬき出しなさい。

問7　「星那」はどういう気持ちで仕事に取り組んでいましたか。それが分かる一文を文中から探して、初めと終わりの五字で答えなさい。

問8　――線②「どうして～不思議になるときがあった」とありますが、「課長」の支えとなっているものは何ですか。文中から十二字でぬき出しなさい。

問9　――線③「課長は～と実感した」とありますが、「さまざまな苦労がある」を具体的に表現している部分を文中から十四字でぬき出しなさい。

問10　――線④「社長からも～言われたばかりですしね」とありますが、「改革」のねらいは何ですか。解答用紙の字数に合うように、文中から三つぬき出しなさい。

問11　――線⑤「だって～反対でしょ」とありますが、「星那」が反対する理由は何ですか。文中から一文で探して、初めと終わりの五字で答えなさい。

問12　――線⑥「なにかを～気持ち」と同じ意味内容を表しているところを、これより後の文中から四十字以内で探して、初めと終わりの五字で答えなさい。

問13　――線⑦「本当に大切なこと」とは何ですか。文中の言葉を使って、十五字以内で答えなさい。

問14　本文の内容に合うものとして最も適当なものを次から選び、記号で答えなさい。

ア　星那は忙しく働くことで、物足りない気持ちをまぎらわせていた。

イ　憧れの課長が趣味を優先する人だと知って、星那は戸惑《とまど》った。

ウ　課長から説得されて、星那は茶道やバレエに取り組みたくなった。

エ　課長との対話を通して、星那は働くことの大切さに気づいた。

問15　本文で「趣味」とはどのようなものだと述べられていますか。十六字でぬき出しなさい。

し。そもそも好きなことって、気がついたら夢中になっているものじゃない？　どんなきっかけだったとしても、いつかは出会ってるというか。あら、美味《おい》しそうね」

　カウンター越《ご》しに鯵《あじ》フライを受け取り、課長は［2］言った。

　二人はそれから、趣味の話はしなかった。しかし星那の頭の片隅《かたすみ》には、［3］引っかかっていた。長くつづけられる趣味があれば、私も「豊かな人生」とやらを送れるだろうか。⑥なにかをはじめたいという漠然とした気持ちが、星那の心に［4］芽生《めば》えていた。

　帰宅すると、郵便ポストに運送会社の不在通知が入っていた。通販《つうはん》の荷物だったが、星那には自分が何を注文したのか、さっぱり思い出せなかった。玄関口《げんかんぐち》に放置された、同じような空の段ボール箱の山を横目に、星那は靴《くつ》をぬぐ。

　このマンションには、二年前に引っ越《こ》した。就職したての頃《ころ》は、今の会社に長く勤めるつもりはなく、安いエリアで部屋を借りていた。しかし昇進《しょうしん》したのをきっかけに、会社の近くで暮らすことにしたのだ。

　会社とマンションを往復する生活に、不満があるわけではない。仕事は大変だけれど、幸いにして上司にも恵《めぐ》まれ、職場の人間関係も悪くない。それなりに認められているし、貯金できる程度の収入も得ている。恋人《こいびと》はいないけれど、一緒《いっしょ》になにかを楽しんだり、泣き言を聞いてくれたりする友人は、性別にかかわらずいる。

　それなのに、物足りないのはなぜだろう。

　つい自分と周囲を比べてしまう。

　――好きなことって、気がついたら夢中になっているもの。

なにかに没頭《ぼっとう》したい、心を動かされたい。でもなにをしたらいいのか分からない。少なくともバレエに夢中になっていた頃は、待ち遠しさやわくわく感は身近なものだった。大人になった今、情熱が欲《ほ》しいというわけではなく、もっとゆるやかに、ひとつの物ごとにこだわりを持ちたかった。そう、こだわりである。

　コンビニの商品で簡単に食事を済ませ、ネット通販で買い物をして、壊《こわ》れたり合わなかったりすればゴミの日に出せばいい、という生活は便利だ。でも環境《かんきょう》や労働の問題とか、Ⅲだいそれた意識からではなく、そんな生活がたまに嫌《いや》になる。仕事でも同じだった。古くなれば、要《い》らなくなったら、さっさと取り壊し、新しく建て直せばいい。そうすれば、利益は守られる。けれども⑦本当に大切なことを、見失っている気がしてならなかった。

（一色《いっしき》さゆり『飛石《とびいし》を渡《わた》れば』より）

＊お通し……居酒屋で最初に出てくる少量の料理。
＊ポスティング……チラシやパンフレットを家々の郵便受けに配って歩くこと。
＊ツーショット……二人の人物が顔入りで写るようにして撮《と》られた写真。
＊プライベート……個人的な。私的な。

問1　［1］～［4］に入る適当な言葉を次から選び、それぞれ記号で答えなさい。

ア　いそいそと　イ　うっとりと　ウ　きっぱりと
エ　すっきりと　オ　ずっと　カ　むくむくと

問2　＝＝線Ⅰ「不安」と同じ構成になっている熟語を次から選び、記号で答えなさい。

ア　順延　イ　増減　ウ　断念　エ　拝礼　オ　未熟

問3　＝＝線Ⅱ「肩をすくめる」にこめられた「星那」の気持ちとして

え、と星那は目を丸くした。会社では、今年度に入ってから、残業ゼロとリモートワークが推進されている。会社のイメージアップと仕事の効率化も図《はか》っている、と社長は朝礼のついでに説明したが、社員たちはざわついていた。単なる思いつきではないか、そんな理想がうちの業界にも通用するのか、とⅠ不安の声は少なくない。

「もちろん、好意的に捉《とら》えてない社員がいるのも知ってるわよ。中川さんみたいに」

「いえ、私は」と、星那は慌《あわ》てる。

「⑤だってあなた、ノー残業デーにも反対でしょ」

「反対というより、戸惑《とまど》っているのが正直なところです」

「働き者ね」

冗談《じょうだん》めかして言われ、星那はⅡ肩をすくめる。社員たちがよく利用する店とはいえ、今夜二人きりで誘《さそ》われたのは、ノー残業デーであることを忘れて帰社した星那に同情したという理由だけでなく、この話題をふるためだったのかもしれない。

「だって働くのって、楽しいじゃないですか」

すると課長は、真剣《しんけん》な顔になってこう答える。

「そりゃ、楽しいわよ。私だって、仕事のない人生は考えられない。でもこのご時世、少しずつでもいいから、働き方を改善すべきだと思う。豊かな人生を送るために、＊プライベートの時間を増やしていかなくちゃ」

しかし星那には、「豊かな人生」とはなにか、よく分からなかった。今まで一生懸命《いっしょうけんめい》に働いてきたのに、いきなり「残業ゼロにしろ」「休日出勤するな」などと言われても困ってしまう。仮にプライベートの時間が増えたところで、上手な使い方が分からない。プライベートの満たされなさを、仕事の忙しさで埋《う》めていたという虚《むな》しい事実に、打ちのめされるだけだ。

そんなことを、課長に漠然と伝える。

すると課長は、［ 1 ］言う。

「そりゃ、生きていくためには仕事をしなきゃならないけど、人に迷惑《めいわく》のかからない程度に必要な収入さえ稼《かせ》げば、あとは好きなことをしていればいいのよ。仕事は結局、生きていくための義務なんだから。せっかくお金を稼いでいるんだから、好きなことに有効活用しなきゃ。それこそが、豊かな人生ってやつよ」

「好きなこと、ですか」

星那は返答に詰《つ》まる。

自分には好きなことがない。

無趣味でつまらない人間——そんな文句が頭をよぎった。

「中川さんにだって、あるでしょ？」

「えっと……中学までは、バレエをやってましたけど」

「姿勢がいいのは、そのせいだったのね。背も高いし似合いそう」

「でもまたはじめるなんて、絶対に無理ですよ。せめて休日と退社後くらいは、身体《からだ》を休ませたいし」と答えてから、星那の脳裏《のうり》をよぎったのは、今日の外回りで発見したあの茶道《さどう》教室だった。でも茶道なんて、この私にできるのだろうか。「課長はどうやって、登山とか、好きなことを見つけたんですか」

「別に意識的に探し出したわけじゃないから、難しい質問ね。連れ合いから誘われて、自分もやってみたら、いつのまにかつづけていた感じだ

**二**　次の文章を読んで、後の問に答えなさい。なお、句読点・記号は字数に数えます。

路地裏にある昔ながらの居酒屋は、チェーンでも観光客向けでもなく、仕事帰りのサラリーマンでにぎわっている。カウンターとテーブル席があって、二人はカウンターの方に腰《こし》を下ろした。壁には、マジックで書かれたお品書きの短冊《たんざく》が、ずらりとピン留めされ、その手前に名前の書かれたお酒のボトルが並んでいる。そのうち、課長の名前が書かれたボトルが、＊お通しとともに、テーブルのうえにごとりと置かれた。

「いらっしゃい」

課長はほがらかに、店主とやりとりをする。

その横顔を眺《なが》めながら、①七年間もこの仕事をつづけられたのはこの人のおかげだな、と星那《せいな》は思った。

男性ばかりのイメージがある不動産会社の営業職のなかで、課長はちょっと変わった存在だった。体育会系ではあるが、＊ポスティングや電話掛《でんわか》けよりも、顧客《こきゃく》とのコミュニケーションを重視する。量よりも質を重視するスタイルは、結果的に顧客を増やしていた。たしかに今はもう家が売れる時代ではなく、ゴリ押《お》ししても結果はついてこない。課長は新しいやり方で成績を伸《の》ばし、会社を抜本的《ばっぽんてき》に改革していた。

なにより感心するのが、他の誰《だれ》よりも仕事を抱《かか》えているのに、傍《はた》からは全然そう見えないという点だった。単に仕事が早いというだけではなく、精神的な余裕《よゆう》を滅多《めった》に失わない。しかも顧客だけでなく、部下に対しても丁寧《ていねい》で親切だった。②どうして課長は、それほどの余裕を保っていられるのか、星那は不思議になるときがあった。

「このあいだ、連れ合いと信州に行ったのよ」

課長はパートナーのことを、「旦那《だんな》」でも「主人」でもなく、「連れ合い」と呼ぶ。

「すてきですね、旅行ですか」

「じつは私たち、最近登山に夢中になってるの。来年は富士山にチャレンジするから、その予行演習でね」

課長は割《わ》り箸《ばし》を置いて、スマホの待ち受け画面を見せてくれた。登山中の写真がそこにうつっていた。青空と渓谷《けいこく》を背景にして、アウトドアの格好をした課長夫婦《ふうふ》が、肩《かた》を寄せてほほ笑《え》んでいる。お互《たが》いの人生を尊重し合っていることが伝わるような＊ツーショットだった。

いつだったか、課長が初の女性管理職になれたのは、産休をとっていないからだ、と別の女性の先輩《せんぱい》が言っていたことを思い出す。その女性の先輩には子どもが二人いて、課長にはいない。星那はどこか棘《とげ》のある物言いを聞き流しながら、③課長は表に出さないだけで、さまざまな苦労があるんだろうな、と実感した。

「登山はいいわよ。有酸素運動っていうのかしら？　登り切ったときの達成感とか、最初のうちは考え事とかするんだけど、だんだん考える体力がなくなって、ただ目の前の道を一歩ずつ進むことだけに集中していくの。だから仕事が忙《いそが》しいときほど、二人で山に行く時間を確保するようにしていてね」

課長の話を聞きながら、趣味《しゅみ》っていいな、と星那は漠然《ばくぜん》と思った。課長のような人を支えているのは、登山という夫婦共通の趣味のようだ。誰かやなにかに依存《いそん》するのでなく、そういう自立した生き方に憧《あこが》れる。

「④社長からも、働き方を改革するって言われたばかりですしね」

「あれ、私の発案なの」

づけとなっています」を説明したものとして最も適当なものを次から選び、記号で答えなさい。

ア　「ＡＩ」と「ディープラーニング」はどちらも同じく意味の分からないものであるということ。

イ　「ＡＩ」と聞いて頭に思い浮《う》かぶ典型的なものが「ディープラーニング」であるということ。

ウ　「ディープラーニング」の精度を上げることこそが「ＡＩ」研究の中心であるということ。

エ　「ディープラーニング」はこれから「ＡＩ」のかわりになっていくものであるということ。

**問9**　――線⑥「そうした状態」を説明したものとして最も適当なものを次から選び、記号で答えなさい。

ア　自分たちの手で開発したものをＡＩと呼び、それ以外はＡＩとは呼ばない状態。

イ　まだ見ぬ技術をＡＩと呼び、心理学に基づく研究成果をＡＩとは呼ばない状態。

ウ　技術として確立されたものをＡＩと呼ばず、未知の技術だけをＡＩと呼ぶ状態。

エ　人間が認識できないものをＡＩとは呼ばず、認識できるものをＡＩと呼ぶ状態。

**問10**　――線⑦「知性のハードルがどんどん高くなっている」とありますが、その理由として最も適当なものを次から選び、記号で答えなさい。

ア　ＡＩの進化はめざましく、人間が仕組みを説明できないような高度な判断や処理についても、次々とできるようになってしまうから。

イ　ＡＩが手に入れた新しい能力に対して一般の人はすぐに慣れてしまい、さらに高度な技術の開発を研究者たちに次々と求めてしまうから。

ウ　人間は自分たちの知能や知性が高度なものだと思っているため、仕組みが説明されたものを次々と知性ではないと考えるようになるから。

エ　研究者たちは人間の能力の仕組みを解明しつづけることで、人間だけの知能や知性というものを次々と増やそうと考えているから。

**問11**　――線⑧「現在の技術の中身を知らない一般の方」は、ＡＩがどのようなものだと思っていますか。文中から十字と十五字で探し、それぞれぬき出しなさい。

**問12**　本文の内容として最も適当なものを次から選び、記号で答えなさい。

ア　工学系の研究者の中では、ドラえもんをＡＩとするかどうかについて意見が大きく分かれている。

イ　画像認識や自然言語処理と呼ばれる技術をＡＩと呼ぶかどうかは、研究者と一般の人によって意見が違っている。

ウ　ＡＩの知識や判断基準を強化する機械学習の技術を高めることが、ドラえもんを実現する最善の方法である。

エ　ＡＩの定義がはっきりすることにより機械学習技術が発展し、のび太と心が通じ合うドラえもんが完成する。

ア　のび太と心が通じ合うドラえもんはつくれない
イ　心理学の専門家がドラえもんを認めてくれない
ウ　ディープラーニングの技術が発展していかない
エ　人間の能力を機械学習でこえることができない

問4　――線①「工学系の研究者〜『イエス』と答えることが多いです」とありますが、それはなぜですか。最も適当なものを次から選び、記号で答えなさい。
ア　予備知識のない一般人とは違《ちが》い、工学系の研究者はドラえもんに機械学習技術が不可欠だと理解した上で質問している場合が多いから。
イ　ＡＩのあり方は研究者の中でも意見が分かれるため、筆者がＡＩをどう考えているのかを確かめる意図の質問である場合が多いから。
ウ　工学系の研究者にはＡＩについて詳《くわ》しくない人が多く、筆者の研究内容を自分の研究に活《い》かすための質問である場合が多いから。
エ　工学系の研究者にはＡＩに否定的な印象を持っていない人が多く、筆者がＡＩを研究しているかを尋《たず》ねる質問である場合が多いから。

問5　――線②「『支配されそう』などのネガティブなイメージ」について、次の問に答えなさい。
Ⅰ　「ネガティブ」の対義語を答えなさい。なお、カタカナで答えなくてもよい。
Ⅱ　「『支配されそう』などのネガティブなイメージ」を筆者はどのように表現していますか。文中から十一字でぬき出しなさい。

問6　――線③「私が伝えたいイメージ」として最も適当なものを次から選び、記号で答えなさい。
ア　ＡＩは悪いものなどではなく、心を通じ合わせる相手となる可能性がある。
イ　人間より優れたＡＩを利用すれば、人間は働かなくてもよくなる可能性がある。
ウ　優秀《ゆうしゅう》なＡＩが、人間と人間の心の読み合いの仕組みを解明する可能性がある。
エ　ＡＩの進化により、人間は気持ちを伝える難しさから解放される可能性がある。

問7　――線④「現在、研究されている機械学習〜ドラえもんにはたどり着けません」とありますが、それはなぜですか。最も適当なものを次から選び、記号で答えなさい。
ア　研究者の間で意見が分かれている「みんなが思い描くドラえもんとは何か」のイメージを統一した上でＡＩを開発していくべきだから。
イ　ディープラーニングでＡＩの技術を高めるだけでなく、全く新しい方法でＡＩを最初から作り直すことも考えるべきだから。
ウ　ＡＩの機械学習の技術を高めるだけでなく、周囲との関わりを含めた全体的な仕組みをどうするかという方向を考える必要があるから。
エ　機械学習の技術をさらに向上させて、ＡＩが自動的に判断基準や適切な行動を獲得するスピードを加速させていく必要があるから。

問8　――線⑤「ディープラーニング（深層学習）が〜代名詞的な位置

研究者のあいだでも、AIの定義は明確になっていないのです。なので、研究者以外の方が「AIっていったい何だろう」と感じるのは、不思議なことではありません。

コンピュータで自動化されたものが、すべてAIだと思われていることもあります。ただ、その多くの部分は、決められている手順にcソって処理するプログラムであり、コンピュータがつくられた当初からあるものです。AIの定義がはっきりとしていないため、昔からあるプログラムがAIだと思われているケースもあります。

研究者の場合は、未知の技術をAIと呼び、すでに確立された技術はAIとは呼ばない傾向《けいこう》があるように思います。

[A]、コンピュータが画像を認識して、「これは人」「これは自動車」「これは建物」などと自動的に識別する技術は、以前はAIと呼ばれていたそうですが、技術が確立されて以降は、研究者は「画像認識」と呼んでいます。

[B]、文書を処理できるシステムをAIと呼んでいたころもあるそうですが、アルゴリズム（プログラムの仕組み）が確立されるにつれて、研究者は「自然言語処理」と呼ぶようになりました。

「AI」というdハタの下《もと》に研究が進んでいくのですが、技術が確立されるとAIとは呼ばなくなり、別の名前に変わります。

[C]、専門家たちは、まだ見ぬ未知の技術だけをAIと呼んでいるともいえるのです。専門家が⑥そうした状態であることも、AIのイメージをわかりにくくしているのかもしれません。

未知の技術だけをAIと呼ぶのは、人間が、自分たちの知能や知性というものに誇《ほこ》りをもっているからではないかと思います。

知性の仕組みが研究によって説明されてしまうと、「この程度の仕組みのものは知性とはいえない」という気になります。そして、自分たちはもっと高度なことをやっているという思いが出てきます。

人類は知性というものに特別な思いをもっているため、ちょっとやそっとの原理ではeナットクがいかないのでしょう。AIの仕組みの最《さい》先端《せんたん》に触《ふ》れやすい研究者にとっては、⑦知性のハードルがどんどん高くなっているのかもしれません。

逆に、⑧現在の技術の中身を知らない一般の方からすると、どれもが未知の技術であるためAIだと思う、ということもあるのかもしれません。非現実的なようですが、もし、仮に多くの方が現在の技術について理解できることがあれば、AIに対する過度な恐怖《きょうふ》や期待を抑《おさ》えられると思います。

（大澤正彦『ドラえもんを本気でつくる』より）

＊ディープラーニング……深層学習と訳される、判断などの人間が行うような行動ができるようにコンピュータに学習をさせること。

＊ブレイクスルー……困難な課題を新しい方法で解決すること。

**問1** 〰線a～eのカタカナを漢字に直しなさい。

**問2** 文中の[A]～[C]に入る適当な言葉を次から選び、それぞれ記号で答えなさい。

ア　つまり　イ　また
ウ　しかも　エ　たとえば
オ　なぜなら

**問3** 文中の（　）に入るものとして最も適当なものを次から選び、記号で答えなさい。

【国　語】（五〇分）〈満点：一〇〇点〉

一　次の文章を読んで、後の問に答えなさい。なお、句読点・記号は字数に数えます。

「ドラえもんはＡＩですか?」

　こういう質問を受けたときに、私は「イエス」と答えることもありますし、「ノー」と答えることもあります。それは、ＡＩのイメージもドラえもんのイメージも人によってまちまちで、質問の意味がてんでんばらばらだからです。

　①工学系の研究者の方と会話をして、「ドラえもんはＡＩですか?」と聞かれたら、「イエス」と答えることが多いです。というのも、「あなたの研究テーマはＡＩですか?」という意図の質問であることが多いからです。

　ただ、この場合、たんに機械学習（コンピュータがたくさんのデータから自動的に判断基準や適切な行動を獲得《かくとく》していくこと）技術をＡＩと呼んでいることが多いかもしれません。もちろん、ドラえもんが本質的に機能するためには、機械学習技術が不可欠ですし、ドラえもんのなかには、機械学習をはじめとした知的工学のａシュウタイセイのようなものが入るはずだと考えています。

　加えて、工学系の方には、ＡＩという言葉に②「支配されそう」などのネガティブなイメージをもっていない方が多いのも、「イエス」と答えやすい要因です。

　一方、研究を離《はな》れ一般《いっぱん》論として「ドラえもんはＡＩですか?」と聞かれたら、「イエス」とは言いがたい面があります。ＡＩと聞いただけで、ｂゼンジュツのネガティブなイメージと結びつきやすく、③私が伝えたいイメージから遠くなりがちだからです。

　④現在、研究されている機械学習などの技術だけでは、みんなが思い描《えが》くドラえもんにはたどり着けませんから、まずはドラえもんというイメージの部分をお話ししています。

　さらに、ドラえもんは、のび太と心が通じ合っています。

　現在は、機械学習技術のなかでも⑤*ディープラーニング（深層学習）が高い性能を発揮し、日々発展を続けており、ＡＩの代名詞的な位置づけとなっています。しかしながら、心が通じ合うという部分は、現在のディープラーニングの技術の発展をただ待つだけでは実現困難だと私は考えています。

　この点は実際、研究者のなかでも大きく意見が分かれている部分ですが、私の立場はディープラーニングによるデータ処理を繰《く》り返す以外に*ブレイクスルーとなる技術があるのではないか、といったところです。

　心理学や認知《にんち》科学では、「人間と人間がどうやって心を読み合っているのか」という理論が多く研究されています。しかしながら、この研究成果を工学的に応用する研究が実用レベルにあるかと問われると、そうとはいえない状況《じょうきょう》だと思います。

　とくにＡＩと呼ばれる研究では、ＡＩの中身となる技術にばかり注意が向きがちですが、外側にある環境《かんきょう》や他者を含《ふく》めた全体のシステムをどうデザインするのか、それを考えないと、（　　）のではないでしょうか。

　そもそも、ＡＩの定義そのものがはっきりとしていません。

されて腹が立ったから。

イ　正浩のドッジボールについての考え方に納得《なっとく》できず、一緒にはやれないと思ったから。

ウ　自分と正浩のやり方は全く違うため、悠人にどう教えてよいかわからなくなったから。

エ　正浩の方が悠人のことを理解していて、自分では悠人の力になれないとわかったから。

**問7**　――線④「悠人の闘い方」とありますが、⑴正浩が考える「悠人の闘い方」、⑵信也が悠人に求めている「闘い方」について、適当なものをそれぞれ次から選び、記号で答えなさい。

ア　ボールを受け止めると見せかけて、寸前でよけるという闘い方。

イ　自分に向かって飛んでくるボールに、正面から立ち向かう闘い方。

ウ　積極的に投げられたボールを取りに行き、相手にぶつける闘い方。

エ　コートの中を逃げ回り、ボールに当たらないようにする闘い方。

オ　ボールを受けずに逃げることによって、相手の意表をつく闘い方。

**問8**　――線⑤「正浩が力を込めたぶんだけ、悠人の目に力が漲っていく」とありますが、なぜですか。その理由を「逃げることは」に続けて、四十字以内で説明しなさい。

**問9**　本文の内容として適当なものを次から二つ選び、記号で答えなさい。

ア　正浩が悠人に教えたのは、体格が小さかった昔の正浩自身が取っていた闘い方だったため、説得力があって悠人の自信につながった。

イ　信也は二歳年上の正浩に対して反発するなど、気が強く口調もぶっきらぼうではあるが、弟のことを放っておけないやさしい一面もある。

ウ　水樹はドッジボールの練習に付き合ってはいたが、最初から信也の指導は厳しすぎると感じていて、悠人のことをずっと心配していた。

エ　悠人は気弱で恐がりなところがあり、はじめはコツがつかめなかったものの、運動神経が良いため練習を重ねるとすぐに上達した。

オ　悠人は、信也によるドッジボールの厳しい練習にはついていくことができずに泣きべそをかいていたが、信也との関係自体は悪くはない。

ドはどりょくのド、レはれんしゅうのレ。ミはみずきのミ、ファはファイトのファ……。

「ミは、水樹のミなん？」

「うん。信ちゃんがそうしようって。水樹ちゃんの顔を思い出すと頑張《がんば》れるから」

悠人は言うと、また最初から歌い出す。調子の外れた歌声に水樹と正浩は目を合わせて笑い、歌い終わるまで静かに聞いた。

（藤岡陽子『手のひらの音符』より）

**問1** [1]〜[4] に入る最も適当な言葉をそれぞれ次から選び、記号で答えなさい。ただし、同じ記号は一度しか使えません。

ア　怯《おび》えたように

イ　ふてくされたように

ウ　甘えるように

エ　はしゃいだように

**問2** （A）・（B）に入る最も適当な言葉をそれぞれ次から選び、記号で答えなさい。

ア　いくぶん　　イ　ましてや　　ウ　もっとも　　エ　けっして

オ　めったに　　カ　いとも

**問3** ═══線Ⅰ「断言する」・Ⅱ「肩で息をしながら」の意味として最も適当なものをそれぞれ次から選び、記号で答えなさい。

Ⅰ　「断言する」

ア　はっきりと言う

イ　常識と異なることを言う

ウ　否定的な考えを言う

エ　自分の意見を言う

Ⅱ　「肩で息をしながら」

ア　好きな運動を楽しみ満足している様子で

イ　激しい運動でだんだん疲れてきている様子で

ウ　運動に集中してリズムにのっている様子で

エ　同じ動きのくり返しで調子が出てきた様子で

**問4** ――線①「信也が手に持っていたボールを思いきり、泣いている悠人に向かって投げた」とありますが、なぜですか。その理由として最も適当なものを次から選び、記号で答えなさい。

ア　悠人がどれくらい下手《へた》なのかということを、正浩にわかりやすく見せたかったから。

イ　せっかくの練習なので、悠人をいじめる子たちになりきって付き合っていたから。

ウ　いつものように正浩に助けてもらおうとする悠人の態度が気に入らなかったから。

エ　時間を取って特訓しても、悠人が少しも上達しないことにいら立ったから。

**問5** ――線②「これまでの動き」とありますが、悠人の「これまでの動き」の問題点はどんなところですか。文中の言葉を使って二十字以内で答えなさい。

**問6** ――線③「そしたらお兄ちゃんが教えてやって」とありますが、「信也」がこのように言ったのはなぜですか。その理由として最も適当なものを次から選び、記号で答えなさい。

ア　正浩が言うことはもっともだが、これまでの自分のやり方を否定

　と正浩がボールを投げてくる。緩《ゆる》やかな放物線を描くボールは、虫捕《むしと》り網《あみ》でも捕らえられそうなくらいゆっくりと投げられ、水樹と悠人は余裕《よゆう》の横走りでその球をよけた。

　正浩は、ボールを投げると反対側に走り、自分でそのボールを拾い、また投げては反対側に走る。Ⅱ肩で息をしながら何度も何度も、その動作を繰り返した。

　そのうちに、正浩が「投げるぞ」と声をかけないでも、悠人の体は自らボールをよけるようになり、視線もボールが飛んでくる方向に向けられるようになった。

「すごいな悠ちゃん、ちゃんと目、開けてられるようになったやん」

　水樹は、笑みさえ浮《う》かべながら楽しそうにコートの中を走る悠人に向かって拍手《はくしゅ》した。いつもの萎縮《いしゅく》した感じも、怯《おび》えた感じもなく、悠人は次に自分に向かってくるだろう球筋を読みながら、体を翻《ひるがえ》せるようになった。

　どれくらい、練習を続けただろう。ついに正浩がばててしまった。

「もう……あかん。おれが倒《たお》れてしまうわ」

　そう言うと、階段の一番下に座りこんで乱れた呼吸を整える。水樹は、呼吸のリズムに合わせて上下する正浩の華奢《きゃしゃ》な肩《かた》や薄《うす》い胸を見ていた。

「やっぱり正浩ちゃんはすごいわ。悠ちゃん、ちゃんとボールよけられるようになったもんな」

　水樹がはしゃぐと、

「ほんまや。こんな短い練習時間やのになあ」

　と正浩は立ち上がり、悠人の頭の上に手を置いて撫でる。

「正浩ちゃんは、なんでもわかってるんやなあ。悠ちゃんのことも、なんでも」

　水樹は思わず正浩の腕《うで》をつかんだ。兄と同じ年のはずなのに、正浩といるとなんだか学校の先生と一緒にいるような錯覚《さっかく》に陥《おちい》る。

「ボールを投げてくる奴《やつ》の顔を見ながら逃げる。これが④悠人の闘《たたか》い方や。人によって、闘い方はそれぞれ違うんや。だから、自分の闘い方を探して実行したらええねん」

「自分の闘い方？」

「悠人は悠人なりの。信也は信也の。水樹ちゃんは水樹ちゃん、おれはおれ。自分に合ったやり方を見つけたら、とことんそれをやったらええんや。無理することはないって」

「かっこ悪くない？　逃げてばっかりやったらかっこ悪いって、信ちゃんが言うんや」

　悠人が［ 4 ］正浩の方をまっすぐ見上げた。

「かっこ悪ないよ。悠人、おまえ今お兄ちゃんを睨《にら》みつけながら、えらい素早く走ってた。たくさんのこと考えんと、走って走って走って逃げたらええんや」

　⑤正浩が力を込めたぶんだけ、悠人の目に力が漲《みなぎ》っていく。

「ドぉは、どりょくのド。レぇは、れんしゅうのレぇ」

　高らかに悠人が歌いだしたので、水樹は思わず吹《ふ》き出《だ》し、

「なにその歌」

　と笑う。ドレミの歌のメロディにおかしな歌詞がついている。

「信ちゃんが作ってくれたんや。勇気がなくなったら歌えって。続きあるんやで、聞いててや」

「こんな練習したって、いつまでたっても悠人はボールを受けられへん」

　せっかく悠人がまた、練習を再開しようとやる気を出したのにと、水樹は信也を睨《にら》む。正浩の隣《となり》で、笑いながらお茶を飲んでいた悠人の顔が硬直《こうちょく》し、［　3　］曇《くも》っていく。

「ええんや、信也。ボール、受けられへんかってもええんや」

　正浩はゆっくりと立ち上がり地面に転がっているボールを拾った。そして信也に向かって思い切り投げる。ビュンと、ボールが空気を切る音がする。

　信也は正浩が投げたボールを難なく受けると、また同じように空気を切り裂《さ》く音を強く立てながら、正浩に返球する。ボールが胸に当たるバチンという音だけが、何度も何度も繰《く》り返される。

「なあ信也。悠人、さっきはちゃんと、おまえの顔を見ながら逃げとったと思わへんか」

　信也の投げたボールが高く逸《そ》れたのを、ジャンプして両手でつかむと、正浩が穏《おだ》やかに話し出した。信也は首を傾《かし》げたまま、正浩からのボールを（　A　）簡単に胸で止める。

「おれの顔見ながら？」

「うん。おれが帰ってきた時は、悠人、頭を抱《かか》えこむようにして逃げてたやろ？　そら、あんな逃げ方してたらボールは見えへんし、（　B　）受けるなんて絶対無理や。でも、さっきは悠人、おまえや水樹ちゃんの顔見ながら逃げてたんや。すごい上達やで」

　全力でボールを投げるのをやめて、正浩はふわりと高いボールを投げた。信也は正浩の話を黙って聞いている。線の細い正浩と、体格のいい信也は、二歳《さい》年の差があるとはいっても、こうしていると同級生のようにも見えるし、ボールを投げる速さや、体の使い方だけなら、信也の方が年長に見えるくらいだ。

「なあ信也。これから悠人には、相手の顔を見ながら逃げることだけ、教えてやれよ。ボールは受けられなくてもいいから」

「そんなんじゃ、またやられてしまうやろ」

「そんなことない。頭抱えて目え瞑《つぶ》って逃げるんと、相手の顔を見ながら逃げるんとでは全然違うで」

　悠人は思い込《こ》みが強い。一度「恐《こわ》い」と思ってしまうと、どうしようもなく恐くなる。頭で考える前に、体と心がすべてを拒絶《きょぜつ》してしまう。そんな悠人にただ「立ち向かえ」と教えても、絶対に無理なのだと正浩は信也を諭《さと》す。

「今はボールを受けることはせんでいいよ」

　正浩がⅠ断言すると、信也はやってられない、という顔をしてボールを足元に置いた。そして正浩の胸の辺りに向かって強く蹴り出すと、

③「そしたらお兄ちゃんが教えてやって」

と言い残し、そっぽを向いて家とは反対の方向に歩いて行ってしまった。

　やれやれ、という表情で正浩は足元に転がったボールを拾うと、

「悠人、あとちょっとだけ続きやろっか」

と優しく声をかける。「水樹ちゃんも付き合ってくれる？　コートの中に、悠人と一緒《いっしょ》に入ってやって」

　水樹が悠人の手を引いてコートの中に立つと、

「悠人、お兄ちゃんの顔見ろよ。投げるぞ」

三　次の文章を読んで、後の問に答えなさい。なお、句読点・記号は字数に数えます。

ドッジボールの最中に、同級生からいじめられていた悠人《ゆうと》を見かけた、悠人の兄・信也《しんや》と幼なじみの水樹《みずき》は、悠人とドッジボールの特訓を始める。飛んでくるボールを恐《こわ》がる悠人に、信也はきつくボールをぶつけることもあった。そこに、信也と悠人の兄・正浩《まさひろ》が通りかかる。

「ほんで、おまえらは何やってんの？」

「どうしたんや、悠人」と正浩に優しく問われて、悠人はまた泣き出してしまった。

「こいつ、学校でも学童でも苛《いじ》められとるねん。ボール、受けられへんし、逃《に》げてばっかりいるから、狙《ねら》われて。それでおれが教えたってるんや」

[1]言い放つと、①信也が手に持っていたボールを思いきり、泣いている悠人に向かって投げた。ボールは半ズボンから出た剝《む》き出しの太腿《ふともも》に当たる。

「そうなんか、悠人？」

その場に蹲《うずくま》る悠人のそばに歩いていくと、正浩はその体を抱《かか》えるようにして立ち上がらせた。

「悠人、おまえ苛められてるんか？」

正浩が訊《き》くと、悠人は無言で頷《うなず》く。

「毎日か？」

「いっつもでは……ない。でもドッジボールする時は、わざとみんなが狙ってきよ……る」

下を向いたまま、悠人はしゃくり上げ始めた。

正浩は困ったなという顔を見せたが、またいつもの微笑《びしょう》を浮かべて、

「ほな、お兄ちゃんも今日は一緒《いっしょ》に寄せてくれや、信也との練習。せっかく塾《じゅく》から早く帰れたし、おれもたまには遊びたいわ」

と悠人の頭を何度か撫《な》でた。そして足元に転がっていたボールを信也に蹴《け》り返すと、

「信也と水樹ちゃんが外野な。おれと悠人は中で逃げるわ」

と勢いよく駆《か》け出した。信也はにこりともせずにボールを手にすると、水樹に「向こう側に回れ」というふうに手で指示を出した。

「よし、お兄ちゃんと一緒にボールに当たらんように逃げるでっ」

[2]正浩は悠人と手を繋《つな》いで、コートの中をいったりきたり、走り回る。

「な、悠人。一回も当たらへんかったやろ？」

しばらく続けた後、塾用のリュックの中から水筒《すいとう》を取り出すと、それを悠人に手渡《てわた》してやりながら、正浩が言った。確かに、信也と水樹が二人を挟《はさ》み込んでボールを投げていたが、手を繋いだ正浩と悠人はそのボールの軌道《きどう》から上手に外れ、球をかすめることすらなかった。正浩に手を繋いでもらい安心しているせいか、悠人は②これまでの動きがなんだったのかと思わせるくらいに、俊敏《しゅんびん》に走ることができた。だが信也は、

「でも、悠人、一回もボール受けてへんやん。これやったら今までと同じや。こんな練習、意味ない」

と不機嫌《ふきげん》な顔をして、怒鳴《どな》るようにして声を荒《あら》げる。

をもとに物事を論ずることは科学的ではなく恥《はじ》であると考えていたから。

イ　他の星は地球とは環境が異なり生物が存在する条件を満たしていないし、科学者が空想上のことを論ずるべきではないとも考えていたから。

ウ　いつかはみたいものだと思っていたがみたことがないものは信じられず、また、みたという人もうそをついているのだと考えていたから。

エ　地球と同じ自然条件を持っている星は宇宙にはあるはずがないので、地球以外の星に生物が存在することはありえないと考えていたから。

**問5**　――線②「この変化」とはどういうことですか。文中の言葉を使って三十五字以内で答えなさい。

**問6**　――線③「ゴリラは、〜いるかどうか、わからない動物だった」とありますが、筆者は「ゴリラ」の話を、どのようなものの例として用いたのですか。文中から二十字でぬき出しなさい。

**問7**　――線④「ネッシーや雪男は、ひょっとしたら、みつかるかも知れません」とありますが、筆者はどのような気持ちでこう言っているのですか。最も適当なものを次から選び、記号で答えなさい。

ア　みたという人たちがいる以上、いつの日か実物と会えるときがくる可能性を全て否定はできないし、まちがいなくいるという証拠がみつかる可能性もないとはいえない。

イ　みたという人たちの夢をあえてこわす必要はないし、たとえそれがウソであったとしても、このような不思議な話は科学的にも大切にしておきたいものである。

ウ　ネッシーや雪男の存在など科学的に全く信じてはいないが、もしも本当に実物に出会えたとしたらこれまでの科学の常識を破る大発見となるので少しは期待している。

エ　ネッシーや雪男の存在など科学的に全くありえないことなので、決して見つかることなどないということを「ひょっとしたら」という表現であらわそうとしている。

**問8**　――線⑤「二つのやり方」を文中から十字と三十字でぬき出しなさい。

**問9**　――線⑥「そういうこと」の指す内容を十字前後で答えなさい。

**問10**　右の文章の表現の特徴《とくちょう》を述べたものとして最も適当なものを次から選び、記号で答えなさい。

ア　前半の科学的ではない空想上の具体例が後半では現実的な具体例に変わり、科学という学問が何を対象にしているのかが説明されている。

イ　多くの読者にとって興味をひきやすい具体例を示しながら、科学的にものを考えるということはどういうことかが論理的に説明されている。

ウ　読者にとって身近な具体例が数多くの比喩《ひゆ》表現とともに示され、科学者の仕事とはどういうものかがわかりやすく説明されている。

エ　科学ではあつかうことのない宇宙人や雪男などのありえない例をあえて用いて、科学者の仕事が崇高《すうこう》なものであることが説明されている。

のだといって信じない人がおおぜいいます。そうして、この信じない人の中に、ほかの天体、それも、地球からかなりはなれた星に、宇宙人のいる可能性はみとめている人がいるのです。

つまり、ここで、いるか、いないかの問題に答えを出すのに、⑤二つのやり方があることがわかります。

一つは、ゴリラやネッシーや雪男の場合のように、だれでもじかに目でみたり、手でさわったりできるようになることで、いるということに決着がつく場合には、とにかく実物をつれてくることが、答えを出すのに、一番たしかな方法です。

遠くの天体にいる宇宙人の場合には、直接地球につれてくることは、とうぶんのあいだ問題になりません。しかし、さまざまの証拠をもとにして、いるかいないかを、おしはかることができるわけです。

この時、科学者がどのような証拠と、どのようなⅡ推論のすすめ方にもとづいて、答えをだすのかをくわしくしらべることは、興味のあることです。

⑥そういうことをしらべることにより、科学について多くのことをまなぶことができるでしょう。

世の中には、じかに目にみえるもの、手でさわれるものしかないのだ、と考えている人がいます。

しかし、科学は、たとえば宇宙人のようなものを考えるのですから、こういう人たちよりは、もう少し広い立場でものを考えているのだといえるでしょう。

（吉田夏彦『なぜと問うのはなぜだろう』より）

**問1** ＝＝線Ⅰ「眉つばもの」・Ⅱ「推論」の意味として最も適当なものをそれぞれ次から選び、記号で答えなさい。

Ⅰ「眉つばもの」

ア　こっけいで、おかしなもの

イ　あやしく、うたがわしいもの

ウ　人をだます、ゆるせないもの

エ　すぐに、うそだとわかるもの

Ⅱ「推論」

ア　わかっていることがらをもとにして、まだわかっていないことがらを説明すること

イ　ゆたかな想像力を大いに活用することで、わかっていないことがらを説明すること

ウ　複数の考え方を出し合い議論して、わかっていないことがらの答えを見つけること

エ　相手が納得できるような証拠をそろえて、わかっていないことがらを説明すること

**問2** □には「本当かどうか迷う」という意味の言葉が入ります。その言葉を文中からぬき出しなさい。

**問3** （A）～（E）に入る最も適当な言葉を次から選び、記号で答えなさい。ただし、同じ記号は一度しか使えません。

ア　しかも　イ　そこで　ウ　では　エ　つまり

オ　しかし

**問4** ――線①「少し以前には、～科学者は、ごく少なかった」とありますが、その理由として最も適当なものを次から選び、記号で答えなさい。

ア　まちがいのない証拠をもとにして考えていくのが科学者で、想像

能性についても、かなりたしかな基礎《きそ》の上にたって、議論ができるようになったということがあるでしょう。

第二には、生物とは何かについての考え方のはばが広くなったことが、②この変化の理由としてあげられるでしょう。

むかしは、地球の上にいて、（　B　）、人間のごく身近なところでくらしている生物だけを中心に、生物のことを考えていましたから、地球のほかの天体の自然条件が地球とちがっているということだけで、その天体には生物がいないということのじゅうぶんな証拠《しょうこ》になるということになったのでした。

いまでは、地球上でさえ、たいへんかわった生物がいることがわかってきました。また、生物とよく似たはたらきをする機械が人間の手でつくられ、人間の住んでいるのとはたいへんちがった環境《かんきょう》、たとえば海底とか、火星とかにおくりこまれています。

（　C　）、地球とはかなりちがった条件の星にも、生物がいる可能性があるという考え方が成り立つようになったのです。

スコットランドのネス湖に、ふしぎな生物が住んでいるのではないか、という話はたいへん有名です。ヒマラヤ山中に雪男がいるのではないか、という話も、ひところ、人びとの関心をそそった話の一つです。

ネッシーのほうはいまではあまり話題にならなくなりましたが、雪男のほうは、証拠になるものがみつかった、という話がきこえてくることかあります。

じつは、似たような話は、ほかにもいくつもあるのです。

たとえば、③ゴリラは、ヨーロッパの人にとっては、ながいこと、いるかどうか、わからない動物だったのです。

アフリカにむかしから住んでいる人たちのなかには、奥地にゴリラがいるという人たちがいましたが、ヨーロッパ人はそのことについて□でした。しかし、とうとう、ゴリラのほんものに、ヨーロッパ人も出あったので、やはり、話はほんとうだったのだな、ということになったのです。

いまでは、世界じゅうのほとんどの国の動物園にゴリラがいます。日本にもいますから、みた人たちは何人もいるでしょう。

このように、話だけがあって実物がまだみあたらないもののことを、新聞などはよく、「まぼろしのなになに」といいます。

ゴリラはヨーロッパ人にとって、かつては「まぼろしの動物」だったのですが、今日では現実のものになっているわけです。

ネッシーや雪男はいまのところ、世界の大多数の人にとって、まだまぼろしの動物、まぼろしの人間です。（　D　）、それをみたという人たちも少しはいて、その話は伝わっているのですが、それをきいて、「それではじぶんの目でたしかめてみよう」と出かけた人たちは、ほとんど、実物にお目にかかることができないでいるのです。

④ネッシーや雪男は、ひょっとしたら、みつかるかも知れません。つまり大都会につれてこられて、だれでもみたり、会ったりすることができるようになるかも知れないものです。

（　E　）、宇宙人のほうはどうかというと、これも、会ったという人たちの話がほんとうなら、世界じゅうの人が宇宙人に会える日がすぐくるのかも知れないのです。

しかし、さきにもいったように、宇宙人に会ったという話はⅠ眉《まゆ》つばも

**【国　語】**（五〇分）〈満点：一〇〇点〉

**一** 次の各問に答えなさい。

**問1** ――線のカタカナを漢字に直しなさい。

① 緊急ジタイに直面する。

② ユウビン局で切手を買う。

③ 絵のテンラン会が行われる。

④ 有名な観光地をオトズれる。

⑤ 痛み止めの薬がキく。

**問2** 「増加」の対義語を答えなさい。

**問3** 「同意」の類義語を答えなさい。

**問4** 次の意味を持つ四字熟語を完成させなさい。

＊油断すると思いがけない失敗をするということ。

**油断□□**

**問5** 次の漢字の総画数を答えなさい。

① 道

② 級

**二** 次の文章を読んで、後の問に答えなさい。なお、句読点・記号は字数に数えます。

空とぶ円盤《えんばん》をみたという人が、ほうぼうにいます。

なかには、この円盤から降りてきた宇宙人をみたという人、さらには、宇宙人と話したという人までいます。しかし、そういう人の数は、世界の全人口にくらべたら、ごくわずかです。

空とぶ円盤や宇宙人をみたことのない人の大半は、こういう話はあまり信用できないと考えているようです。みたという人がうそをついているんだろうと考えたり、あるいは、錯覚《さっかく》におちいっているのじゃないか、とうたがったりします。

なかには、半信半疑の人もいますし、「じぶんはみたことはないけれども、こういう話のなかには、ほんとうの話もあるんだろう、じぶんもいつか、空とぶ円盤や宇宙人をみたいものだ」と考えている人もいるようです。

科学者の多くは、空とぶ円盤にのって宇宙人が地球にやってきているという説を信じてはいません。

（　A　）、「地球とは別の天体で、かなり知能のすぐれた生物が住んでいるものがあるかも知れない。なかには、人間に似た生物、つまり、宇宙人が住んでいる星もあるかも知れない」と考えている科学者は、かなりいるようです。

ところが、①少し以前には、地球以外の天体に生物、それも高等生物がいるかも知れないということをみとめていた科学者は、ごく少なかったのでした。

第一に、そういう可能性のことをまじめにとりあげて論ずることが、科学者にはふさわしくないことだと考えていた人も多いようでした。

それがどうして、このごろになって、宇宙人がいる可能性を科学者がみとめるようになったのか、このことを考えてみるのも、興味ぶかい問題の一つでしょう。

まず、いえることは、宇宙にかんする科学と生物にかんする科学のいずれもが、たいへん進歩したために、地球とは別の天体に生物がいる可

答えなさい。ただし、同じ記号は二度使えません。

ア　あっさり　イ　おどおど　ウ　キョトン　エ　しみじみ
オ　なかなか　カ　ふと　キ　ぼんやり

**問3**　――線Ⅰに用いられている表現方法を次から一つ選び、記号で答えなさい。

ア　呼びかけ　イ　省略法　ウ　倒置《とうち》法　エ　反復法

**問4**　＝＝線Ⅱ・Ⅲの意味として最も適当なものを次から選び、それぞれ記号で答えなさい。

Ⅱ　「決まり悪そうに」　ア　悔《くや》しそうに　イ　寂しそうに　ウ　恥《は》ずかしそうに　エ　つまらなそうに

Ⅲ　「目星をつける」　ア　目移りする　イ　見当をつける　ウ　見切りをつける　エ　目先を変える

**問5**　――線①「でもまあ、いいか」とありますが、この時の「私」の心情として最も適当なものを次から選び、記号で答えなさい。

ア　父を忘れた母を情けなく思うが、父を亡《な》くした悲しみを引きずる母を見るよりましだ。
イ　父の死を認めようとしない母を情けなく思うが、父の記憶を失う母を見るよりましだ。
ウ　父の記憶を失った母に怒《いか》りを覚えるが、父に未練を抱《いだ》き続ける母を見るよりましだ。
エ　父の名前を忘れた母に呆《あき》れてしまったが、父に先立たれて寂しがる母を見るよりましだ。

**問6**　――線②「そんな母」とありますが、「そんな」が表している内容を、文中から九字でぬき出しなさい。

**問7**　――線③「母が和室で～部屋へ忍び込んだ」とありますが、「私」がこのような行動をとらなければならなかったのはなぜですか。文中から二十字で探して、「から」に続く形でぬき出しなさい。

**問8**　――線④「部屋には荷物が溢れていた」と同じ状態を表している部分を、文中から十字でぬき出しなさい。

**問9**　文中から次の一文が脱落《だつらく》しています。この文が入る場所を【A】～【D】から選び記号で答えなさい。

| |
|---|
| いったいいつからこんなにいい加減な性格になっちゃったんだ? |

**問10**　――線⑤「それ」が指していることを、文中の言葉を使って二十字前後で答えなさい。

**問11**　――線⑥「思わずニンマリする」とありますが、なぜですか。文中の言葉を使って十五字前後で答えなさい。

**問12**　――線⑦「なんでこんなところで泣いてるの?」とありますが、「私」が泣いているのはなぜですか。最も適当なものを次から選び、記号で答えなさい。

ア　認知症が進行していく母を一人で支える自信を失いかけていたから。
イ　母が症状を自覚していたことに気づき、その苦しみに同情したから。
ウ　両親が健在だった頃を思い出し、懐かしさと悲しさを感じたから。
エ　母が父のことを少しだけでも覚えていることがわかって安心したから。

「加瀬《かせ》さん、おみかんいただく」

「実印は食堂の棚の鍵《かぎ》付き抽斗へ！」

さらにもう一枚には、

「なんでもかんでも忘れていく。なんでこんなに忘れるのでしょう。神様、助けて」

母は苦しんでいたのか。自分が忘れていくことを自覚していたのだ。

【C】

わかった、もう責めない。もう責めないよ、母さん。忘れてもいいからね。怖《こわ》くなんかないからね。

頬《ほほ》にこぼれ落ちた涙《なみだ》を拭《ぬぐ》おうと、母のベッドの枕元に置いてあるティッシュペーパーの箱に手を伸ばしたら、その隣《となり》の写真立てが目に d トまった。

父と母が初めてハワイへ行ったときのスナップ写真だ。写真の中の父は、赤いハイビスカス柄《がら》のアロハを着て渋《しぶ》い顔をしている。その隣で母は青地にピンクのシダのような葉が描《えが》かれたムームー姿で両手を前に出し、おばけのようなポーズを取っている。たぶんフラダンスのふりをつけたつもりなのだろう。【D】あの頃《ころ》は二人とも元気だった。ほんの六、七年前のことなのに。

「ね、父さんもちゃんと見守っててね。お願いだからね！」

写真立てを手に取って、おでこに押《お》しつけた。そのとき、

「あら、こんなとこで、なにしてるの？」

突然《とつぜん》、ふすまが開いた。振り向くと母が [4] とした顔で立っている。私は慌《あわ》てて写真立てを元《もと》の位置に戻し、ティッシュで鼻をかむ。

「香子《こうこ》ったら、どこに行ったのかと思ったら、⑦なんでこんなところで泣いてるの？」

「いや、ちょっとね」

「風邪《かぜ》ひいたの？」

「大丈夫《だいじょうぶ》」

ちょっと前までは、母の部屋に勝手に入るだけで不機嫌《ふきげん》になったのに、この頃の母はおおらかだ。認知症《にんちしょう》が進んだせいか。

「さ、あっちへ行こっか！　ほら、見て。母さんの料理ノート、見つけちゃった！」

ノートを母の前に突《つ》き出しつつ、そそくさと部屋を出る。

「あら、なんだっけ、これ」

私に背中を押されながら、母がノートを開き、自分の記載《きさい》したレシピを読み始めた。

「ね、懐かしくない？　ほら、クリームコロッケとか。昔、母さん、よく作ってくれたよね。キャベツ巻き、うわー、懐かしい！」

私が e コウフンして叫《さけ》ぶと、

「なんだ、私の料理ノートじゃない」

なんの感傷もない声で応えると、

「あんた欲《ほ》しいの、このノート？　要《い》るならあげるわよ。母さん、もうお料理しないから」

母は [5] 言い切って、私にノートを差し戻した。


（阿川佐和子『ことことこーこ』より）

問1　〰〰線a～eのカタカナを漢字に直しなさい。
問2　[1] ～ [5] に入る適当な言葉を次から選び、それぞれ記号で

②そんな母を前にしていると、ウジウジイライラしている自分が愚《おろ》かに思われてくる。

もしかして神様は、長く生きた人間がつらく悲しい過去を振り返って苦しまないように、「忘れる」という武器を与《あた》えてくださったのではあるまいか。目前に迫《せま》った死を怖《おそ》れ、弱っていく身体を自覚して、深く悲観しないために、あるいはかつての恨《うら》みつらみをいっさい捨て去って、すっきりした心で最期《さいご》を迎《むか》えるために、「忘れる」という方便を教えてくださったのではあるまいか。無邪気《むじゃき》な母を見ていると、そんな気さえしてくる。【A】

夕方、麻有が帰ったあと、③母が和室でテレビを見ている隙《すき》に、私は母の部屋《へや》へ忍《しの》び込んだ。料理ノートを捜《さが》してみようと思ったのである。

相変わらず、母の④部屋には荷物が溢《あふ》れていた。いったいどこから手をつけていいのやら。実のところ、料理ノートもさることながら、近日中に父と母の過去の通帳類も見つけ出さなければならない。bイサン分割《ぶんかつ》の手続きのために必要だと、税理士さんに頼《たの》まれていたのだ。私はコソ泥《どろ》になった気分でそこらじゅうの抽斗《ひきだし》を手早くひっくり返してみる。が、ない。

料理ノートは最近、使っていないから、おそらく母の古い本棚《ほんだな》に挟《はさ》まっているのではないか。Ⅲ目星をつける。もともと母は几帳面《きちょうめん》な性格だった。何でもきっちり角を揃《そろ》え、種類別、大きさ別に、見た目も美しく。cオサめることに関しては、家族で母に敵《かな》う者はいなかった。ところがこうして見てみると、ある層以降、その几帳面さが失われている。週刊誌も新聞の切り抜《ぬ》きも電化製品の取り扱《あつか》い説明書も分厚い小説本もごちゃまぜ状態だ。しかも埃《ほこり》だらけ。【B】切なくなりながら本棚の奥《おく》のほうを繰《く》っているうち、どんぴしゃり！　古びたＡ４判の学習帳が輪ゴムで束ねられた状態で六冊も出てきた。

懐《なつ》かしい。そうそう、母は私が学校で使っていた学習帳のうち、ほんの数ページしか書き込みのなかったものを、もったいないと言って捨てずにしまっておいて、⑤それを料理ノートとして愛用していたのだ。クマのプーさんの表紙や、大好きだった眠《ねむ》れる森の美女の表紙のものもある。よし、中身はあとで見ることにして、次は通帳だ。［ 2 ］視線を上げると、母の枕元《まくらもと》の小棚の上に、「重要」という手書きの紙に覆《おお》われ、籐《とう》の籠《かご》に入った書類が置かれているのを発見。匂《にお》うぞ。金塊《きんかい》を探し当てた海賊《かいぞく》の気分だ。⑥思わずニンマリする。

私はその籠を取り上げて、わずかに残る畳《たたみ》の空間に置いた。上の紙を退け、雑多に重ねられた書類の一枚一枚を繰っていく。証券会社からの通知書、クレジット会社からの封書《ふうしょ》、どなたかからの手書きの葉書。さして重要なものはない。通帳の束は［ 3 ］出てこない。

パラパラめくっているうち、郵便物の間に挟まって鉛筆《えんぴつ》書きの小さなメモ用紙が何枚も出てきた。母の字だ。買うべきものという字の下に、化粧水《けしょうすい》、シーツ、お父さんの肌着《はだぎ》と箇条《かじょう》書きされている。他のメモには、捜し物という字に続いて、黒いカーディガン、爪《つめ》切りとあり、少し離《はな》れたところに、

「真珠《しんじゅ》のネックレス。どうしても見つからない。お父さんに買ってもらったのに。情けない。バカ、バカ、バカ。もう私、ダメだ」

そしてもう一枚のメモには、

「覚えておくこと！」とエクスクラメーションマークまでつけて、

「孫の名前、賢太《けんた》。嫁《よめ》の名前、知加《ちか》」

問6　――線⑤「ワールドワイドウェブの中にある巨大な『空っぽ』である」とはどういうことですか。最も適当なものを次から選び、記号で答えなさい。

ア　いつでも誰とでもつながることのできる巨大なインターネットの世界では、検索エンジンという存在自体には何の価値もないということ。

イ　インターネットは世界中のどこからでも使えるシステムで、どこの国にも所属していないために自由に活動ができる場であるということ。

ウ　インターネットで巨大な存在である検索エンジンだが、実際には物として存在していないので、本当は中身の無いにせものだということ。

エ　検索エンジンはインターネット上で自由な解釈を許し、言葉を使わないコミュニケーションが盛んに行われる場になっているということ。

問7　本文の内容と合うものを次から二つ選び、記号で答えなさい。

ア　言葉を使う意思疎通はややこしく、自分の気持ちを言葉で相手に正確に伝えることは非常に難しいものである。

イ　言葉を使わない瞬間的な意思の伝達は、日常の生活の中で使うことは難しく、相当な訓練が必要となるものだ。

ウ　何も言わなくても意思が伝わるという日本のコミュニケーションは、見方によっては非常に高度なものである。

エ　「意味の交差点」では、相手の意見を否定してはいけないという規則に気をつけて発言しなければならない。

オ　「意味の交差点」の真ん中に空っぽの空間があることによって、「交通事故」を完全に防止することができる。

カ　言葉を使わないコミュニケーションが持つ機能について、多くの人は自分の中にそれぞれの答えを持っている。

三　次の文章を読んで、後の問に答えなさい。なお、句読点・記号は字数に数えます。

「Ⅰいいなあ、お母《かあ》さん、明るくて」

麻有《まゆ》がワイングラス片手に言った。麻有の顔が少し赤い。

実際、母は終始、明るかった。つい先日も、仏壇《ぶつだん》の前にある父のお骨をじっと見つめているので、父のことを思い出して[ 1 ]しているのかと思ったら、食堂にいた私を振《ふ》り返り、Ⅱ決まり悪そうに笑った。

「どうしたの？」

問いかけると、

「佐藤晋《さとうすすむ》さんって、死んだんだっけ？　どうしたんだっけ？」

ときどきわからなくなるらしい。あれだけ毎日、生活をともにしていた人間がいなくなっても、こんなものなのか。娘《むすめ》としては呆《あき》れるというより、いささか寂《さび》しい気持になる。①でもまあ、いいか。ふさぎ込《こ》まれるより、考えようによっては断然、ありがたい。

なにしろ私が叱《しか》りつけたこと自体をすぐに忘れてしまうぐらいなのだ。あんなにきつい言い方をしなければよかったと、私のほうがしばらく後悔《こうかい》の念にとらわれて、嫌《いや》な気分を引きずるのに、母はあっという間にニコニコ顔だ。昔は母と喧嘩《けんか》をしたあと、aシュウフクするまで二、三日はかかったものだが、今は五分。五分もかからないときすらある。

では「意味の交差点」の真ん中に空っぽの空間があったらどうだろう。そこにさしかかったら全員、自分の思うようにそこを解釈してよい、と決めておくとするなら互いにぶつかることはない。「交通事故」は起こりにくい。日本人が選んだ「空っぽのコミュニケーション」とは、そういうことかもしれない。

アメリカの有名なインターネット企業《きぎょう》、グーグル本社の勉強会で僕《ぼく》が以上のような話をすると、意外にわかってもらえる。GoogleやYahoo!のような検索《けんさく》エンジンも、⑤ワールドワイドウェブの中にある巨大《きょだい》な「空っぽ」である。その中では、膨大《ぼうだい》な分量のコミュニケーションが直接的な言語のやりとりなしで世界中を飛び交っている。ネット社会において、「阿吽の呼吸」や「腹芸」といった「暗黙のコミュニケーション」がどのように繰《く》り広げられ、どんな機能を果たしているのか、もう少し精密に分析《ぶんせき》されてもいいと思う。

（原研哉「日本のデザイン、その成り立ちと未来」より）

問1　文中の A ～ C に入る最も適当な言葉を次から選び、それぞれ記号で答えなさい。ただし、同じ記号は二度使えません。

ア　しかし　イ　つまり　ウ　ところで　エ　しかも

オ　なぜなら

問2　――線①「『愛してます』～共有しているだろうか」とありますが、筆者は言葉をどのようなものだと考えていますか。最も適当なものを次から選び、記号で答えなさい。

ア　話し手と聞き手の間で共通の認識が持てる記号。

イ　話し手と聞き手の間で解釈が微妙に異なる記号。

ウ　自分の気持ちを相手に正確に伝えるための記号。

エ　自分の気持ちを込めても伝えてはくれない記号。

問3　――線②「言葉を介さずに理解しあうコミュニケーション」について、次の問に答えなさい。

Ⅰ　「言葉を介さずに理解しあうコミュニケーション」の例の組み合わせとして正しいものを次から選び、記号で答えなさい。

ア　アイコンタクト――狛犬

イ　恋愛――阿吽の呼吸

ウ　腹芸――アイコンタクト

エ　阿吽の呼吸――狛犬

Ⅱ　「言葉を介さずに理解しあうコミュニケーション」の短所として筆者が挙げているものを次から選び、記号で答えなさい。

ア　伝達する内容に誤解を招いてしまう危険性。

イ　会議の欠席者にも責任の共有を求めること。

ウ　暗黙の合意が形成されてしまう後ろめたさ。

エ　「意味の交差点」で交通事故が起きる恐怖。

問4　――線③「目を合わせるその瞬間に互いに意味を感じ合う」とはどういう状態ですか。文中から四十五字以内で探し、最初の五字を答えなさい。

問5　――線④「日本的なコミュニケーションの特徴」の説明として最も適当なものを次から選び、記号で答えなさい。

ア　最初の意見から離れられず、話し合いが進まない。

イ　常に相手の考えを中心に話し合いの進行ができる。

ウ　誰も賛否を明確にせず、話し合いが長引きやすい。

エ　沈黙《ちんもく》が続いても、話し合いがそのまま進行される。

神社の本殿《ほんでん》などで左右向かい合わせの狛犬《こまいぬ》像があるのを見たことがあるだろう。あれは口を開いているほうの狛犬が「阿」と言い、口を閉じているほうが「吽」と言っている。[ B ]、それを同時に言う。つまり情報の発信と受信が同時に行われて、言葉という記号を介《かい》さずにお互《たが》いが理解し合っている状態を示している。

そんなオカルトじみたこと……と思うかもしれない。しかし、②言葉を介さずに理解しあうコミュニケーションは現実にたくさんある。

一九九二年に外国人初のサッカー日本代表監督《かんとく》に就任したハンス・オフト監督は、試合中に「アイコンタクト」でサインを送る手法を選手に教えた。互いに目と目で伝え合うのがアイコンタクトだ。サッカーのフィールドで選手が他の選手に「五〇メートル先にパスを出すから走れ！」などと喋《しゃべ》っていたら試合に負けてしまう。アイコンタクトをサインにして、パッと目配せした瞬間《しゅんかん》に次の動作を取れ。オフト監督は選手たちにそう指示した。

この「アイコンタクト」はまさに「阿吽の呼吸」。言葉はいらない。③目を合わせるその瞬間に互いに意味を感じ合う。お互いの意味が違《ちが》ってしまう場合も当然あるだろう。しかし、成功すればすばらしい速度での意志の伝達が可能になる。

実のところ、このようなコミュニケーションは、私たちもふだん知らず知らずのうちにしているのだ。

会議ではよく「この件に関しましては、そういうことでよろしいでしょうか？」などと議長が参加者に質《ただ》す。「この件」「そういうこと」。部外者には何のことかさっぱりわからないが、会議に参加しているメンバーは、こうした代名詞だけで理解できる。ひととおり座を見回した議長は、誰も何も言わないのを見計らって「ご異議がございませんようですので、この件はそのように進めさせていただきます」と、その場を締《し》めくくる。

日本の会議は、こんな風に進行される事も少なくない。誰も何も言わないことによって暗黙《あんもく》の合意が形成されてしまう。その結論に対して誰かが責任を取るのではなく、その場に居合わせたみんなで責任を共有する。

言葉や行為《こうい》ではなく、表に出さない密《ひそ》かな思惑《おもわく》によって物事を進めることを「腹芸」というが、これも腹芸の一種だろう。何も言わない。「」とカギカッコの中は空っぽ。それでも意思が伝わる。これは④日本的なコミュニケーションの特徴《とくちょう》の一つで、しばしばわかりにくいとされる。

[ C ]別の角度から見れば、非常に高度なコミュニケーションともいえると思う。誤解を招く危険性の高さ。責任の所在を明らかにしない曖《あい》昧《まい》さ。そうしたマイナス面があることを承知の上で、私たち日本人はこうした「空っぽを介したコミュニケーション」を選んできた。ということは、そこになにがしかの効率性があるからである。

「意味の交差点」というものがあるとしよう。道路の交差点では、信号というルールに従って事故が起こらないように整然と自動車が行き交《か》う。人と人とのコミュニケーションも同じこと。「意味の交差点」では互いに意見を戦わせるが、他人の話を遮《さえぎ》らない、人格攻撃《こうげき》はしない、といった一定のルールに則《のっと》っているからこそ、ケンカにはならない。それでもしばしば「交通事故」は起きる。信条や宗教の違いなど、論議では埋《う》められない衝突《しょうとつ》点というものもある。

# 【国語】（五〇分）〈満点：一〇〇点〉

一　次の各問に答えなさい。

問1　次の①～④の——線部を漢字に直しなさい。

①　小学校のカテイを終える。

②　年末に故郷にキセイする。

③　シジョウをにぎわす事件。

④　質問に対してカイトウする。

問2　次の①～③の意味として適当なものをア～キから選び、それぞれ記号で答えなさい。

①　船頭多くして船山に上る

②　人間万事《ばんじ》塞翁《さいおう》が馬

③　目頭《めがしら》が熱くなる

ア　人生は何が幸福で何が不幸かはわからない。

イ　大切な人とは、気持ちが高ぶるようなつきあいをすることが望ましい。

ウ　指図する人が多すぎて意見がまとまらず、計画が予定外の方向へ進んでしまう。

エ　頭から湯気が出そうなほど強く怒《いか》りを感じる。

オ　感動して目から涙《なみだ》が出そうになる。

カ　遠くへ行くときには馬を使うなど、目的に合わせて手段を選ぶ必要がある。

キ　有能な人物が多くいると、本来ならできないことも実現してしまう。

問3　次の□に漢字一字を入れて、対義語を完成させなさい。

①　悲劇——□劇　②　偶《ぐう》然——□然　③　自動——□動

二　次の文章を読んで、後の問に答えなさい。なお、句読点・記号は字数に数えます。

ある内容を人に伝えたいとき、私たちは言葉を使う。たとえば誰《だれ》かを好きになったとき、その気持ちを言葉にして「愛してます」などと相手に伝える。

さて、このとき①「愛してます」という言葉を発したほうと、「愛してます」という言葉を受け止めたほうは、同じ内容を共有しているだろうか。

「愛してます」と言ったほうは、一〇〇パーセントウソいつわりなく、好きだという気持ちをその言葉にして表現したかもしれない。けれども、その言葉を受け止めたほうはどうだろう。「言葉ではそう言っているけれど、本心はわかったものじゃない」と解釈《かいしゃく》しているのかもしれない。もちろん、その逆、［A］冗談《じょうだん》半分の「愛してます」を本気に受け止めてしまうことだってあるだろう。

言葉は記号にすぎない。だから人によって解釈は微妙《びみょう》に異なる。そういうわけでコミュニケーションは難しい。これは何も恋愛《れんあい》に限ったことではない。皆《みな》さんも経験があると思う、「そんな意味で言ったんじゃないのに……」と相手に誤解されてしまったことが。言葉を使う意思疎通《そつう》は、とてもややこしい。

ところが、世の中には「言葉を使わない意思疎通」というものがある。日本ではこれを「阿吽《あうん》の呼吸」という。

思わず笑ってしまった。彼女《かのじょ》から（　E　）提案されると僕だって言い返すことはできない。――何より、富士見峠のあたりから上諏訪までだったら、幼い北斗でもひょっとしたら完走できるんじゃないかと思えたのである。

三人して笑っていたので、何か面白いことがあると思ったのだろう。タイミングよく北斗がやって来た。仲男夫婦の視線を浴びて、僕は彼に尋《たず》ねてみた。

「八海ラリー、［5］も走ってみたいか？」

「うん！」

答えは即座に返ってきた。あれこれ考えるまでもなく、それで全てが決まったようなものだった。

（竹内真『自転車少年記　－あの風の中へ－』より）

＊ハンドサイクル……ペダルを手で漕いで進む自転車。

＊ヒルクライム……急な山道を登ること。

問1　～～～線a～eのカタカナを漢字に直しなさい。

問2　（A）～（E）に入る適当な言葉を次から選び、それぞれ記号で答えなさい。

ア　ずっと　イ　ようやく　ウ　かなり　エ　さらりと

オ　わざわざ

問3　［1］～［5］に入る適当な言葉を次から選び、それぞれ記号で答えなさい。ただし、同じ記号をくり返し用いてもよいことにします。

ア　北斗　イ　伸男　ウ　昇平　エ　美園　オ　草太

問4　□1～5の「風」は次のA・Bのどちらの意味で用いられていますか。それぞれ記号で答えなさい。

A　すばやく動くこと

B　空気の流れ

問5　――線①「自転車に乗るのは、どうして気持ちがいいのだろう」の答えを本文の言葉を使って三十字以内で答えなさい。

問6　――線②「周りに視線を走らせた」のはなぜですか。最も適当なものを次から選び、記号で答えなさい。

ア　北斗が元気いっぱいで駆け回っているのを見て安心したから。

イ　北斗の秘密に関わる話なので本人に聞かせたくなかったから。

ウ　黒部がゴール近くにいるかもしれないと聞いていたから。

エ　疲れた昇平のために近くに腰掛けられる椅子を探したから。

問7　本文の内容から「八海ラリー」のコースにある地名の位置関係として正しいものはどれですか。最も適当な組み合わせを次から選び、記号で答えなさい。

ア　韮崎　→塩尻峠　→上諏訪→松本　→富士見峠（駅）

イ　韮崎　→上諏訪　→塩尻峠→松本　→富士見峠（駅）

ウ　上諏訪→富士見峠（駅）→塩尻峠→韮崎　→松本

エ　韮崎　→富士見峠（駅）→上諏訪→塩尻峠→松本

問8　本文の登場人物の説明として当てはまらないものはどれですか。次から選び、記号で答えなさい。

ア　朝美は仕事をしているので今年は八海ラリーに参加していない。

イ　昇平は北斗を八海ラリーにほんとうは参加させたくないと考えている。

ウ　美園は車椅子を使いながら今年も八海ラリーに参加している。

エ　伸男と美園はよく似た考え方ができる仲のよい夫婦である。

体力では、完走はもちろん一区間だって走り切れはしないだろう。走らせるだけ走らせたとしても、区間の途中《とちゅう》でのリタイアはサポートカーに余計な手間をかけるし、リタイアする本人だっていい気持ちはしないのだ。伸男夫婦や北斗はそれでも構わないと言うかもしれないが、サポートカーを遅《おく》らせてチーム全体の足を引っ張っても申し訳ない。

正直、息子と一緒に八海ラリーを走るというのは魅力《みりょく》的である。だけど父親としてはチームのことやイベント全体のことを考えて躊躇《ちゅうちょ》してしまうところなのだ。[2]の気持ちを察してくれた二人には感謝しつつも、僕は冗談《じょうだん》めかして問いかけた。

「北斗を八海ラリーに出してやれるのって、あと何年くらい先かなあ?」

「来年でもええんとちがう?」

「参加要項《ようこう》には年齢《ねんれい》制限なんて書いてなかったと思うけど」

二人は口々に答えてくれたが、制限がないのは何歳でも構わないというわけじゃなく、子供の出走なんて想定してないからだろう。誰《だれ》かの親戚《しんせき》の高校生が走ったという話は聞いたことがあったが、来年（ D ）小学校に上がる北斗を走らせるのはさすがに周りに迷惑《めいわく》なんじゃないかと思った。

サラリーマン時代にいくつものスポーツイベントを取材したから分かるのだ。大人だけでやるのに比べ、子供が参加するイベントというのは安全面や運営面などで様々《さまざま》な配慮《はいりょ》が必要で、それだけスタッフの手間もかかる。八海ラリーは学生やOBやボランティアに支えられた手作りのイベントだから、僕の子供のために余計な仕事を増やしても申し訳ない。

そんな話をしてみたのだが、二人は引き下がらなかった。事前に相談でもしてあったのか、即座《そくざ》にeハンロンしてきたのだ。

「[3]が特訓して、周りに迷惑かけない走りをさせてやればいいだけだよ」

「区間の話やけど、今年と違《ちが》うとこにチェックポイントを作ってみたらどうかな? 私、車椅子《いす》の立場を活《い》かして草太くんや黒部くんに直訴《じきそ》したろうと思うて」

美園さんは今年も車椅子に*ハンドサイクルを装着し、上諏訪《かみすわ》から松本までの区間を走った。一昨年に走った際は塩尻峠《しおじりとうげ》でチームからだいぶ遅れてしまったので、今年は夫婦して早めに上諏訪チェックポイントから出走して峠道の途中《とちゅう》で僕らと合流する形をとったのだ。そうやってうまいこと調整すれば従来の区間分けでも何とかなるのだが、どうせならもっと楽に走れる区間が一つあるとありがたいというのである。

「上諏訪は黒部くんの実家があるから外せんとしても、たとえば韮崎《にらさき》じゃなくて富士見駅のあたりにチェックポイントがあればええと思わん?」

そうしたら富士見峠までの長い*ヒルクライムで疲《つか》れた体を休ませることもできるし、そこから下って上諏訪までで一区間とすれば体力のない者でも出走しやすい。さらに関西からの参加者の場合、早朝の電車で富士見駅に来て、上諏訪や松本まで自転車で走った後は名古屋方面に向かう電車に乗れば日帰りで済んでありがたいというのだ。

「そっか、中央本線って塩尻のあたりから西に向かうんだっけ」

「な? 誰にとってもええ話やと思うし、私が車椅子やし塩尻峠はきついんでお願いしますって頭下げたら、正面切って駄目《だめ》って言う人もおらんでしょ」

「[4]さん、策士だなー」

ピードの点で自転車にはかなわない。急流下りや大勢で漕ぐようなボート競技は（　Ａ　）速いけど、あれは自分以外の力も合わせてのことだ。自分だけの力で進みつつ、日常感覚を越《こ》えたスピード感にひたれるからこそ爽快《そうかい》なのだ。

　加えて自転車には、最も b コウリツがいい乗り物と呼ばれるメカニズムがある。それが僕らの力を高め、4 風みたいな速度や目もくらむ高さ、気の遠くなる距離を体験させてくれる。自転車という翼《つばさ》が僕らの能力を拡大してくれるようなものだ。自転車で 5 風になりながら、僕らは自力で走る喜びと身体感覚の広がりを味わっているのである。

　だから自転車に乗るのは気持ちいい。――そんなことを考え、北斗にも伝えたいと思った。だけど子供に理解させるのは少々難しいかもしれない。

　となると、方法は一つだ。風の中へと送り出し、彼《かれ》自身に気づかせてやるのである。

　北斗の密《ひそ》かな願いに気づかせてくれたのは伸男と美園さんだった。第八回の八海ラリーのゴール地点で、いやあ疲《つか》れたと声を上げていた僕に教えてくれたのである。

「北斗くんも、そうやって走ってみたいと思ってるんじゃないかなあ?」

「自分の力で走ってみたいって気持ち、私もよう分かるわ」

　僕はその年も出走していたし、朝美は仕事が忙《いそが》しくて参加できなかったので、北斗はチームのサポートカーに c アズけっぱなしだった。ドライバーは前回に続いて伸男と奏ちゃんが交替《こうたい》で受け持ってくれて、子供好きの美園さんは車移動の間じゅう北斗の面倒《めんどう》をみてくれたのだった。

「山梨《やまなし》か長野《ながの》に入ったあたりやったと思うけど、でっかい谷を渡《わた》る陸橋みたいなとこがあるやん?」

　美園さんは喋りながら②周りに視線を走らせた。ゴール手前までは居《い》眠《ねむ》りしていたという北斗も、到着《とうちゃく》後は元気いっぱいで知り合いの間を駆《か》け回っている。

「橋の上から谷底を見下ろして、『こんなとこを自転車で走ったら恐《こわ》いよねー』なんて言いながら、恐そうってよりは楽しそうな顔しとんのよ」

「雲を見下ろせる場所ってあるだろ? こう、山肌《はだ》に霧《きり》がかかっててさ。そういうのを見た時も、『自転車で雲の上を走れるんだね!』なんて言ってたんだよ」

　[1] が話を引き継《つ》いだ。人差し指を立て、妻の話を解説するように語る。

「そういう時って僕らも車でそこを走ってるんだからさ、（　Ｂ　）『自転車で走ったら』なんて言わなくたっていいはずなんだよ。『車で雲の上を走ってるんだね』だっていいのに、あえて『自転車で』って言うってのは、（　Ｃ　）自分が自転車で走ることをイメージしてたからじゃないかな」

「……なるほど」

　d リロ整然と言われると納得せずにはいられない。――しかし、それなら走らせてみようと言えるほど話は簡単ではなかった。

「走らせてやりたいのはやまやまだけど、今の体力じゃ無理だろうなあ」

　こうして全区間を走りきった後だけに確信できるのだ。五歳《さい》の北斗の

ウ　他の本よりためになりそうだったので、仕方なくこの本を読むことにしたということ。

エ　心が強くひきつけられて、読む予定ではなかったが読まずにはいられないということ。

問12　――線⑥「少しでも魅力を感じたら、とりあえず手に取ってみてはどうでしょうか」とありますが、筆者がこのようにすすめるのはなぜですか。文中の言葉を使って三十字以内で答えなさい。

問13　本文の内容に合うものを次から一つ選び、記号で答えなさい。

ア　筆者は、本を読み始めたら途中で投げ出さず、とにかく最後まで読んでみるべきだと考えている。

イ　筆者は、古典が時代を越《こ》えて人々から支持されてきたことから、その価値がわかると考えている。

ウ　筆者は、本を選ぶ際には書評などで内容を知って、きちんと理解してから買うべきだと考えている。

エ　筆者は、ベストセラーの本はたくさんの人が買ってはいるが、読むべき価値はないと考えている。

二　次の文章を読んで、後の問に答えなさい。なお、句読点・記号は字数に数えます。

「八海《はっかい》ラリー」とは八王子から日本海までを自転車で走るレースだ。自転車好きが数名ずつのチームに分かれて走ること自体を毎年楽しんでいる。三百キロの道のりはいくつかの区間に分かれ、参加者は体力に合わせて全区間を走るのも、一部の区間のみ参加するのも自由だ。ラリーにはチームごとに参加者のけがや自転車の故障にそなえて、車（サポートカー）が一緒《いっしょ》に走る。

八海ラリーの全区間に毎年参加している「僕《ぼく》」（昇平《しょうへい》）には妻の朝美《あさみ》、息子の北斗《ほくと》がいる。また、伸男《のぶお》、美園《みその》夫婦や奏《かなで》ちゃんは昇平と同じチーム、草太や黒部は別チームでラリーに参加している。

①自転車に乗るのは、どうして気持ちがいいのだろう。

　小さな子供と長く接していると、そういう根本的な疑問について考える癖《くせ》がうつる。無い知恵《ちえ》を絞《しぼ》って文章を書くという作業を日々続けているとなればなおさらだ。

　北斗と喋《しゃべ》っていてその疑問をぶつけられた時、僕は「1風みたいになれるから」と答えた。その答えで北斗なりに納得してくれたようだったが、疑問はそのまま僕の中にとどまった。――風みたいになれたら、どうして気持ちいいというのだろう？

　単に2風を感じるというだけなら、オープンカーやオートバイだって一緒《いっしょ》である。陸から離《はな》れてジェットスキーやハンググライダーだって構わない。アウトドア雑誌の編集をやっていたおかげでそういう乗り物を体験する機会にも一通り恵《めぐ》まれたけど、自転車の気持ち良さを上回るものにはお目にかかれなかった気がする。

　もちろん熟練度や好みの問題はあるだろうが、自分の体を使って加速していく感覚は自転車ならではのものだ。エンジン付きのマシンは結局燃料の力で走るのだし、グライダーの場合は高い場所に行って重力や3風力を利用して飛ぶわけである。体を動かすのはそれだけで気持ちいいことなのだから、自分の力だけで走る自転車はやはりaベッカクなのだろう。

　それなら手漕《てこ》ぎや足漕ぎのボートにもあてはまるかもしれないが、ス

問2　（A）～（E）に入る言葉を次から選び、それぞれ記号で答えなさい。ただし、同じ記号は二度使えません。

ア　では　　イ　つまり　　ウ　あるいは　　エ　しかし

オ　だから　　カ　たとえば

問3　[1] に入る適当な言葉を文中から漢字一字で答えなさい。

問4　[2] に入る適当な四字熟語を次から選び、記号で答えなさい。

ア　温故知新　　イ　十人十色　　ウ　意味深長　　エ　大同小異

問5　＝＝線Ⅰ「おのずと」の意味として適当なものを次から選び、記号で答えなさい。

ア　自然と　　イ　必ず　　ウ　強制的に　　エ　だんだんと

問6　＝＝線Ⅱ「満足」の「足」と同じ意味の「足」が使われている熟語を次から選び、記号で答えなさい。

ア　足音　　イ　足下　　ウ　不足　　エ　発足

問7　――線①「私は、ベストセラー情報で本を選ぶことはほとんどありません」とありますが、なぜですか。最も適当なものを次から選び、記号で答えなさい。

ア　本を買う時はいつも、専門家が書いた書評を読んで参考にしているから。

イ　みんなが買っているからといって、その本が自分にも合うとは限らないから。

ウ　よく売れている本であっても、自分にとってはおもしろいはずがないから。

エ　本を買う時は、できるだけ他の人とは違うものを選ぶようにしているから。

問8　――線②「こちらは大いに活用しています」とありますが、筆者が書評を活用している理由として最も適当なものを次から選び、記号で答えなさい。

ア　新聞の書評で専門家がすすめるような本は、日常生活の役に立つ実用的なものばかりだから。

イ　新聞は多くの人が読むため、取り上げられるのは老若男女を問わず人気のある本ばかりだから。

ウ　専門家が署名入りで一所懸命に書いたページなので、しっかり読まないと申し訳ないから。

エ　いろいろな分野の本がかたよりなく載《の》っていて、多くの情報に触れることができるから。

問9　――線③「時代が変わっても価値が認められてきた」と同じことを言っている部分を三十字程度で文中から探し、最初と最後の五字をぬき出しなさい。

問10　――線④「ちょっと面白い本の選び方」とありますが、筆者はどんな「面白い」選び方をしているというのですか。文中の言葉を使って、「～で選ぶ。」に続く形で十五字以内で答えなさい。

問11　――線⑤「もう読むしかないと観念してしまいます」とありますが、どういうことですか。最も適当なものを次から選び、記号で答えなさい。

ア　最初から気になって探していた本なので、買ったらすぐに読み始めようということ。

イ　内容に興味はないが、必要があって他の本より優先して読もうと思っているということ。

件に優れていると言えます。何十年も何百年も、無数の人々の眼力に耐《た》え、市場で生き残ってきたものは、いいに決まっています。

百年以上生き残ってきたものは、まず間違いがありません。どのような理由で生き残ることができたのかは個々の事情があるでしょうが、③時代が変わっても価値が認められてきたわけですから、九九％クオリティの高いものと考えていいと思います。

＊人智《じんち》・年月の＊淘汰《とうた》に耐えて生き残ったもの、人類の経験知の集積として評価されているものが古典です。さしあたって読む本が見つからない場合は、まず古典を読むことをおすすめします。古典の定義はいろいろありますが、「岩波文庫や東洋文庫に入っている本」と考えておけば、まず間違いありません。古典は優れたプロのコーチです。慣れるまでが大変ですが、確実に賢《かしこ》くなることはプロのスキーコーチに教わる場合と同じです。

本との出会いも一種のご縁《えん》です。そう考えて、④ちょっと面白い本の選び方をしてみるのも＊一興《いっきょう》です。

人間には、一目見たら忘れられないという人がいます。いつも真っ赤なネクタイをして緑のシャツを着ている人は、見た目に強烈《きょうれつ》な印象を放ちます。それと同じで、本にも、何らかの理由によって強烈な印象を放っているものがあります。（　Ｄ　）、少し前に読んだものに、『物数寄《ものずき》考――骨董《こっとう》と葛藤《かっとう》』（松原知生《ともお》、平凡社《へいぼん》）という本がありました。私はこの「骨董と葛藤」という副題を一目見て、シビれました。一度見たら忘れられません。こういう本と出会うと、⑤もう読むしかないと観念してしまいます。実際、中身もすごく面白い本でした。

（　Ｅ　）、私は＊フェルメールが大好きなのですが、『地図と領土』（ミシェル・ウェルベック、筑摩書房《ちくましょぼう》）のようにフェルメールの絵を＊装丁《そうてい》に上手《じょうず》に使ってあると、もうそれだけで読む気になります。

このように、何らかの理由で惹《ひ》きつけられた本、気になった本はとにかく読んでみる、という選び方があります。本当に面白いかどうかは、読んでみなければ分かりませんが。人との出会いも同じで、あまり期待していなかった会合でとても面白い人に出会うこともあれば、逆に楽しみにしていた集まりだったのに、これといった成果がないといったことは、日常よくあることです。

本も同じで、⑥少しでも魅力《みりょく》を感じたら、とりあえず手に取ってみてはどうでしょうか。私自身は少しでも心が動いたらとりあえず読んでみるようにしています。最初の五～一〇ページを読んでつまらなかったら、その時点で読むのをやめればいいだけのことですから。

（出口治明『人生を面白くする　本物の教養』より）

＊クオリティ……質。
＊インセンティブ……やる気を起こさせるような刺激《しげき》。
＊志向……ここでは「好み」のこと。
＊チョイス……選ぶこと。
＊パーク……イギリスの保守的な思想家・政治家。
＊人智……人間の知識・知恵。
＊淘汰……悪いものが除かれ、良いものが残ること。
＊一興……ちょっとしたおもしろみのあること。
＊フェルメール……オランダの画家。
＊装丁……書物の表紙。

問１　～～～線ａ～ｅのカタカナを漢字に直しなさい。

**【国　語】**（五〇分）〈満点：一〇〇点〉

一　次の文章を読んで、後の問に答えなさい。なお、句読点・記号は字数に数えます。

本を選ぶ際の参考として、ベストセラー情報をaアげる人がいます。書店での単純な売上げ上位本だけではなく、最近では「二十代女性のベストセラー」とか「料理本のベストセラー」など、いろいろな切り口で本の順位付けが行われています。

（　A　）、①私は、ベストセラー情報で本を選ぶことはほとんどありません。ベストセラー情報は、言ってみればラーメン屋さんの行列のようなものです。ラーメン屋さんでは、最初にたまたま行列ができたら、人がそれに釣《つ》られて並んでさらに行列が長くなる、ということがよくあります。ベストセラー情報はそれと同じで、必ずしも内容の＊クオリティを反映したものとは限りません。現在「よく売れている」「みんなが読んでいる」という、たんなる「　1　」の情報にすぎないのです。

本の情報としてはほかに書評があります。②こちらは大いに活用しています。機会あるごとに言っているのですが、とくに新聞の書評欄《らん》は、新聞のなかでもっともクオリティの高いページだと思います。書評はそれぞれの分野の専門家が、署名《しょめい》入りで執筆《しっぴつ》しています。アホなことを書いたら同業者から笑われてしまいますから、けっこう一所懸命《いっしょけんめい》書いているのではないでしょうか。専門分野の署名記事は、Ⅰおのずと＊インセンティブが働き、クオリティが高くなるのです。

実際、新聞の書評で興味を掻《か》き立てられた本は、ほぼ例外なく面白い。現在は仕事が忙《いそが》しくて書店に行く時間がなかなかとれないので、私の本探しの七、八割は、新聞の書評に頼《たよ》っています。書評は本のコンテンツについて書かれています。この本はこういう内容で、ここが面白いといった具合です。（　B　）、「質」のbシシンになっているのです。ベストセラー情報が「量」の情報であるのとcタイショウ的です。

ベストセラー情報に頼らないのは、私の読書の＊志向がほかの人とは違《ちが》うという理由もあります。多くの人に人気がある本と、私が好きな本とはかなり異なるのです。ですから私がベストセラー情報を頼りにしても、Ⅱ満足のいく結果が出るとは思えません。

本の好みは　2　です。どの俳優《はいゆう》が好きか、人によって違《ちが》うのと同じことです。ですから、ベストセラー情報を知っていることより、自分はどういう俳優が好きなのかを自覚するほうが本当は大事なはずです。

新聞の書評欄について付け加えれば、大変バランスよく本を＊チョイスしているという点でも評価できます。文系の本もあれば理系の本もある。日本に限らず、海外の優れた本も紹介《しょうかい》されます。新聞の書評にdソって本を選んでいけば、ほぼ自動的に、バランスのよくとれた読書ができるでしょう。いわば、栄養士がちゃんと調整してくれる食事のようなものです。新聞の書評をシシンとして読書をしていくのは、一つの優れた方法だと思います。

当たり前のことですが、同じ読むなら優れた本のほうがいいと思います。スキーを教えてもらうとき、厳しいけれど優れたプロに教えてもらうのと、やさしいけれど下手な友人に教えてもらうのとでは、eジョウタツの度合いがまったく違います。それと同じです。

（　C　）、優れた本とはどういうものでしょうか。保守主義の立場から言えば（私は＊バークが大好きな保守主義者です）、まず、古典は無条

MEMO

大切なことはメモしておこうネ！

# 解答用紙集

○月×日　△曜日　天気（合格日和）

◆ご利用のみなさまへ

＊解答用紙の公表を行っていない学校につきましては、弊社の責任において、解答用紙を制作いたしました。

＊編集上の理由により一部縮小掲載した解答用紙がございます。

＊編集上の理由により一部実物と異なる形式の解答用紙がございます。

人間の最も偉大な力とは、その一番の弱点を克服したところから生まれてくるものである。――カール・ヒルティ――

東京学参株式会社

日本大学第一中学校　2024年度

◇算数◇

※ 149％に拡大していただくと，解答欄は実物大になります。

| | | | | |
|---|---|---|---|---|
| 1 | (1) | (2) | (3) | (4) |
| | (5) | | | |

| | | | | |
|---|---|---|---|---|
| 2 | (1) 時速　km | (2) cm | (3) 円 | (4) $cm^2$ |
| | (5) $cm^2$ | | | |

| | | | |
|---|---|---|---|
| 3 | (1) 点 | (2) % | (3) % |

| | | |
|---|---|---|
| 4 | (1) ： | (2) 倍 |

| | | |
|---|---|---|
| 5 | (1) 通り | (2) |

| | | | |
|---|---|---|---|
| 6 | (1) 分速　m | (2) 分速　m | (3) 分後 |

日本大学第一中学校　2024年度　◇理科◇

※ 149%に拡大していただくと，解答欄は実物大になります。

| | | | | | | |
|---|---|---|---|---|---|---|
| 1 | (1) ① | (1) ② | (1) ③ | (2) ① | (2) ② | (2) ③ |
| | (2) ④ | (2) ⑤ | | | | |

| | | | |
|---|---|---|---|
| 2 | (1)　　g | (2)　　cm | (3)　　cm |

| | | | | | |
|---|---|---|---|---|---|
| 3 | (1)［A］ | (1)［B］ | (2)　　g | (3) | (4)　　g |
| | (5)　　g | | | | |

| | | | | |
|---|---|---|---|---|
| 4 | ① | ② | ③ | ④ |
| | ⑤ | ⑥ | ⑦ | ⑧ |
| | ⑨ | ⑩ | ⑪ | ⑫ |

| | | |
|---|---|---|
| 5 | (1) | (2) |
| | (3) | |
| | (4) | |

| | | | | |
|---|---|---|---|---|
| 6 | (1) | (2) | (3) | (4) |

| | | | | | | |
|---|---|---|---|---|---|---|
| 7 | (1) | (2) | (3) | (4) | (5) | (6) |

日本大学第一中学校　2024年度

◇社会◇

※ 149%に拡大していただくと，解答欄は実物大になります。

## 1

| | | | | |
|---|---|---|---|---|
| 問1　山 | | | | |
| 問2　河川の名称　川 | 地形 | 問3　半島 | | |
| 問4　湖 | 問5 (1) | (2) | (3) | (4) |
| 問6① | ② | 問7① | ② | |
| 問8 | | | | |

## 2

| | | | |
|---|---|---|---|
| 問1　遺跡群 | 問2 | 問3 | 問4 |
| 問5 | 問6　の乱 | 問7 | |
| 問8 | 問9 | 問10 | |
| 問11 | | | |

◇国語◇

日本大学第一中学校　２０２４年度

※１４９％に拡大していただくと，解答欄は実物大になります。

一

問1　①　②　③　④　⑤

問2　①　②

問3　①　②

二

問1

問2

問3　類

問4　1　2

問5

問6　から。

問7　最初　〜　最後

問8

問9

問10　30

問11

問12

三

問1　1　2　3

問2

問3

問4

問5

問6

問7

問8

問9

問10

問11

問12

問13

問14

問15

日本大学第一中学校　2023年度

◇算数◇

※ 152％に拡大していただくと，解答欄は実物大になります。

| | | | | |
|---|---|---|---|---|
| 1 | (1) | (2) | (3) | (4) |
| | (5) | | | |

| | | | | |
|---|---|---|---|---|
| 2 | (1) g | (2) 分 | (3) cm | (4) 円 |
| | (5) $cm^2$ | | | |

| | | |
|---|---|---|
| 3 | (1) 番目 | (2) 番目 |

| | | |
|---|---|---|
| 4 | (1) $cm^3$ | (2) $cm^2$ |

| | | | |
|---|---|---|---|
| 5 | (1) 分 | (2) 分速 m | (3) 分間 |

| | | | | | | |
|---|---|---|---|---|---|---|
| 6 | (1) 点 | (2) 度 | (3) 5点 人 | 6点 人 | 9点 人 | 10点 人 |

日本大学第一中学校　2023年度　◇理科◇

※ 152％に拡大していただくと，解答欄は実物大になります。

| 1 | | | | | |
|---|---|---|---|---|---|
| (1) | (2) mA | (3) | (4) a | (4) b | (4) c |

| 2 | | | | | |
|---|---|---|---|---|---|
| (1) ① | (1) ② | (1) ③ | (2) ① | (2) ② | (3) ① |

(3) ②

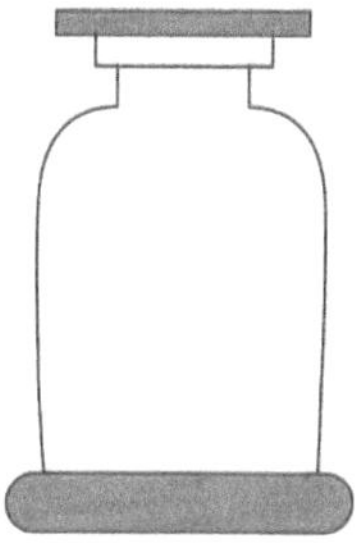

| 3 | | | | |
|---|---|---|---|---|
| (1) (ア) | (1) (イ) | (2) | (3) | (4) |

| 4 | | | | |
|---|---|---|---|---|
| (1) | (2) | (3) | (4) | (5) |

(6)

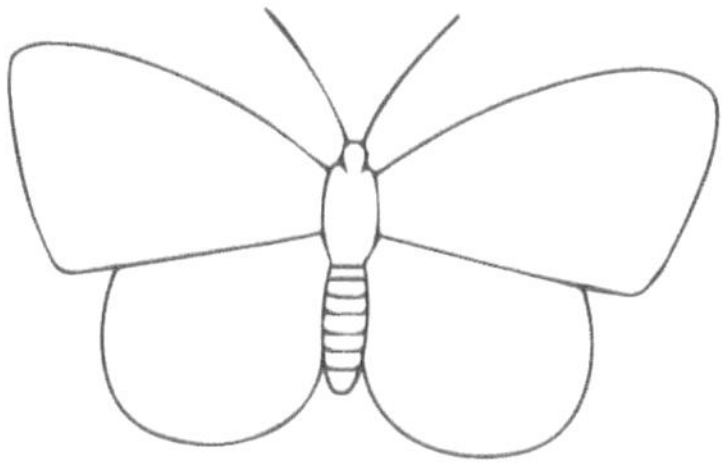

| 5 | | | |
|---|---|---|---|
| (1) | (2) | (3) | (4) |

(5)

日本大学第一中学校　2023年度

◇社会◇

※ 152%に拡大していただくと，解答欄は実物大になります。

| | | | |
|---|---|---|---|
| 1 | 問1 | | |
| | 問2　平野の名称 | 工芸作物 | 問3 |
| | 問4　海の名称 | 開発方法 | 問5 |
| | 問6　① | ② | 問7 |
| | 問8　仕組み | 記号 | |

| | | | | |
|---|---|---|---|---|
| 2 | 問1 | 問2 | 問3 | 問4 |
| | 問5 | 問6 | 問7 | |
| | 問8 | 問9 | 問10 | |
| | 問11 | 問12 毎年　月 | 問13 | |

◇国語◇

日本大学第一中学校　２０２３年度

※１５２％に拡大していただくと，解答欄は実物大になります。

一

問1　①　②

問2　①　②

問3

二

問1　1　2　3　4

問2　5　6　7　8

問3　Ⅰ　Ⅱ

問4

問5

問6

問7

問8

問9

三

問1　a　b　d　e

問2

問3　1　2　3　4

問4　5　6　7　8

問5

問6　初め　～　終わり

問7

問8

問9　初め　～　終わり

問10

問11

問12

MEMO

大切なことはメモしておこうネ！

MEMO

大切なことはメモしておこうネ！

MEMO

大切なことはメモしておこうネ！

MEMO

大切なことはメモしておこうネ！

MEMO

大切なことはメモしておこうネ！

MEMO

大切なことはメモしておこうネ！

東京学参の

# 中学校別入試過去問題シリーズ

＊出版校は一部変更することがあります。一覧にない学校はお問い合わせください。

## 東京ラインナップ

あ　青山学院中等部(L04)
麻布中学(K01)
桜蔭中学(K02)
お茶の水女子大附属中学(K07)
か　海城中学(K09)
開成中学(M01)
学習院中等科(M03)
慶應義塾中等部(K04)
啓明学園中学(N29)
晃華学園中学(N13)
攻玉社中学(L11)
国学院大久我山中学
（一般・CC）(N22)
（ＳＴ）(N23)
駒場東邦中学(L01)
さ　芝中学(K16)
芝浦工業大附属中学(M06)
城北中学(M05)
女子学院中学(K03)
巣鴨中学(M02)
成蹊中学(N06)
成城中学(K28)
成城学園中学(L05)
青稜中学(K23)
創価中学(N14)★
た　玉川学園中学部(N17)
中央大附属中学(N08)
筑波大附属中学(K06)
筑波大附属駒場中学(L02)
帝京大中学(N16)
東海大菅生高中等部(N27)
東京学芸大附属竹早中学(K08)
東京都市大付属中学(L13)
桐朋中学(N03)
東洋英和女学院中学部(K15)
豊島岡女子学園中学(M12)
な　日本大第一中学(M14)
日本大第三中学(N19)
日本大第二中学(N10)
は　雙葉中学(K05)
法政大学中学(N11)
本郷中学(M08)
ま　武蔵中学(N01)
明治大付属中野中学(N05)
明治大付属八王子中学(N07)
明治大付属明治中学(K13)
ら　立教池袋中学(M04)
わ　和光中学(N21)
早稲田中学(K10)
早稲田実業学校中等部(K11)
早稲田大高等学院中学部(N12)

## 神奈川ラインナップ

あ　浅野中学(O04)
栄光学園中学(O06)
か　神奈川大附属中学(O08)
鎌倉女学院中学(O27)
関東学院六浦中学(O31)
慶應義塾湘南藤沢中等部(O07)
慶應義塾普通部(O01)
さ　相模女子大中学部(O32)
サレジオ学院中学(O17)
逗子開成中学(O22)
聖光学院中学(O11)
清泉女学院中学(O20)
洗足学園中学(O18)
捜真女学校中学部(O29)
た　桐蔭学園中等教育学校(O02)
東海大付属相模高中等部(O24)
桐光学園中学(O16)
な　日本大中学(O09)
は　フェリス女学院中学(O03)
法政大第二中学(O19)
や　山手学院中学(O15)
横浜隼人中学(O26)

## 千・埼・茨・他ラインナップ

あ　市川中学(P01)
浦和明の星女子中学(Q06)
か　海陽中等教育学校
（入試Ⅰ・Ⅱ）(T01)
（特別給費生選抜）(T02)
久留米大附設中学(Y04)
さ　栄東中学(東大・難関大)(Q09)
栄東中学(東大特待)(Q10)
狭山ヶ丘高校付属中学(Q01)
芝浦工業大柏中学(P14)
渋谷教育学園幕張中学(P09)
城北埼玉中学(Q07)
昭和学院秀英中学(P05)
清真学園中学(S01)
西南学院中学(Y02)
西武学園文理中学(Q03)
西武台新座中学(Q02)
専修大松戸中学(P13)
た　筑紫女学園中学(Y03)
千葉日本大第一中学(P07)
千葉明徳中学(P12)
東海大付属浦安高中等部(P06)
東邦大付属東邦中学(P08)
東洋大附属牛久中学(S02)
獨協埼玉中学(Q08)
な　長崎日本大中学(Y01)
成田高校付属中学(P15)
は　函館ラ・サール中学(X01)
日出学園中学(P03)
福岡大附属大濠中学(Y05)
北嶺中学(X03)
細田学園中学(Q04)
や　八千代松陰中学(P10)
ら　ラ・サール中学(Y07)
立命館慶祥中学(X02)
立教新座中学(Q05)
わ　早稲田佐賀中学(Y06)

## 公立中高一貫校ラインナップ

北海道　市立札幌開成中等教育学校(J22)
宮　城　宮城県仙台二華・古川黎明中学校(J17)
市立仙台青陵中等教育学校(J33)
山　形　県立東桜学館・致道館中学校(J27)
茨　城　茨城県立中学・中等教育学校(J09)
栃　木　県立宇都宮東・佐野・矢板東高校附属中学校(J11)
群　馬　県立中央・市立四ツ葉学園中等教育学校・
市立太田中学校(J10)
埼　玉　市立浦和中学校(J06)
県立伊奈学園中学校(J31)
さいたま市立大宮国際中等教育学校(J32)
川口市立高等学校附属中学校(J35)
千　葉　県立千葉・東葛飾中学校(J07)
市立稲毛国際中等教育学校(J25)
東　京　区立九段中等教育学校(J21)
都立大泉高等学校附属中学校(J28)
都立両国高等学校附属中学校(J01)
都立白鷗高等学校附属中学校(J02)
都立富士高等学校附属中学校(J03)
都立三鷹中等教育学校(J29)
都立南多摩中等教育学校(J30)
都立武蔵高等学校附属中学校(J04)
都立立川国際中等教育学校(J05)
都立小石川中等教育学校(J23)
都立桜修館中等教育学校(J24)
神奈川　川崎市立川崎高等学校附属中学校(J26)
県立平塚・相模原中等教育学校(J08)
横浜市立南高等学校附属中学校(J20)
横浜サイエンスフロンティア高校附属中学校(J34)
広　島　県立広島中学校(J16)
県立三次中学校(J37)
徳　島　県立城ノ内中等教育学校・富岡東・川島中学校(J18)
愛　媛　県立今治東・松山西中等教育学校(J19)
福　岡　福岡県立中学校・中等教育学校(J12)
佐　賀　県立香楠・致遠館・唐津東・武雄青陵中学校(J13)
宮　崎　県立五ヶ瀬中等教育学校・宮崎西・都城泉ヶ丘高校附属中学校(J15)
長　崎　県立長崎東・佐世保北・諫早高校附属中学校(J14)

**公立中高一貫校「適性検査対策」問題集シリーズ**

総合編　作文問題編　資料問題編　数と図形編　生活と科学編　実力確認テスト編

私立中・高スクールガイド

THE《ザ》 私立

私立中学＆高校の学校生活がわかる！

## 〈ダウンロードコンテンツについて〉

本問題集のダウンロードコンテンツ、弊社ホームページで配信しております。現在ご利用いただけるのは「2025年度受験用」に対応したもので、**2025年3月末日**までダウンロード可能です。弊社ホームページにアクセスの上、ご利用ください。

※配信期間が終了いたしますと、ご利用いただけませんのでご了承ください。

中学別入試過去問題シリーズ

**日本大学第一中学校　2025年度**

ISBN978-4-8141-3169-3

---

[発行所] 東京学参株式会社

〒153-0043　東京都目黒区東山2-6-4

書籍の内容についてのお問い合わせは右のQRコードから　⇒

※書籍の内容についてのお電話でのお問い合わせ、本書の内容を超えたご質問には対応できませんのでご了承ください。



2024年7月18日　初版